제자의 삶

프랜시스 코스그로브

네비게이토 선교회는
국제적이며 복음적인 기독교 기관이다.
예수 그리스도께서는 자기를 따르는 자들에게
"너희는 가서 모든 족속으로 제자를 삼으라"
(마태복음 28:19)는 지상사명을 주셨다.
네비게이토 선교회는 세계 모든 국가에서
예수 그리스도의 일꾼들을 배가시켜
이 지상사명의 성취를 돕는 것을
근본 목표로 하고 있다.

네비게이토 출판사는
네비게이토 선교회의 문서 선교를 담당하고 있다.
본 출판사에서는 그리스도인의 영적 성장을 돕는
서적과 자료들을 출판하여,
그리스도인의 삶의 기초가 견고한
헌신된 제자로 성장하게 하고,
나아가 성숙한 인격과 지도력을 갖춘
일꾼이 되도록 돕고 있다.

ESSENTIALS OF
DISCIPLESHIP

Francis Cosgrove

네비게이토 출판사
TO KNOW CHRIST AND TO MAKE HIM KNOWN

Translated by permission
Title originally published in English as
ESSENTIALS OF DISCIPLESHIP
by NavPress, A ministry of The Navigators, USA.
ⓒ 1980 by The Navigators.
Korean Copyright ⓒ 1984, 2002, 2023
by Korea NavPress

나를 그리스도의 제자로 삼고
제자삼는 자가 되도록
훈련하여 주신 분들께
이 책을 드립니다.

차 례

저자 소개   9
추천의 말   11
머리말   13
1 제자란 무엇인가   17
2 제자는 배우는 사람이다   33
3 예수 그리스도의 주재권   49
4 순결한 삶   65
5 경건의 시간과 기도   87
6 성경의 중요성   109
7 전도의 삶   137
8 교회 생활   157
9 그리스도인의 교제   175
10 제자는 섬기는 사람이다   191
11 드리는 삶   209
12 성령의 열매   227

그림 목차

그림 1 – 원판 예화   58
그림 2 – 의로 교육함   118
그림 3 – 말씀의 손 예화   119
그림 4 – 다리 예화   150
그림 5 – 다리 예화   151
그림 6 – 교회 성장의 순환   160
그림 7 – 교회의 지도자   165

저자 소개

저자는 오랫동안 네비게이토 선교회의 교회 관계 책임자로 섬겼습니다. 그는 고등학교 시절에 그리스도를 영접했으며, 해군 복무 당시 네비게이토를 만났습니다. 1955년 목사 안수를 받고 콜로라도의 조그만 교회에서 목회를 한 적도 있습니다. 그 후 네비게이토 선교회의 간사가 된 이래, 주일미군 부대 및 여러 곳에서 군인과 대학생을 대상으로 선교하였습니다.

그는 플로리다주의 포트로더데일, 마이애미 및 인근 공군 기지에서 새로운 개척 선교를 하였고 또한 플로리다에 있을 때 코럴리지 장로교회의 '새로운 삶'이라는 프로그램의 책임을 맡기도 했습니다.

추천의 말

우리에게는 모두 조금씩은 콜럼버스와 같은 기질이 있습니다. 특히 오늘날에는 현 상태에 머물지 않고 미래를 개척하는 콜럼버스와 같은 사람들이 많습니다. 이들은 앞으로 정복할 미지의 새로운 세계를 바라보며, "지금보다 더 멋진 삶이 있으리라!" 하고 외치고 있습니다.

저자는 그 대답을 염두에 두고 이 책을 썼습니다. 제자의 삶이란 행동이 있는 곳에 있습니다. 니나호(1492년 콜럼버스가 아메리카 대륙의 발견에 사용하였던 배 가운데 하나)의 핀존 선장처럼 "전진!" 하고 외쳐야 합니다. 이 책은 제자의 나라의 해안에 다다를 수 있는 몇 가지 새로운 뱃길과 이 길을 따라 항해하는 법을 알기 쉽게 제시한 안내서입니다.

하지만 조심하기 바랍니다! 독자 여러분은 자신이 그저 유람 여행이나 하는 대다수 교인들의 물결에 완강히 거슬러 항해 중이라는 사실을 깨닫게 될 것입니다. 우리 시대는 아무것에도 헌신하지 않으려고 합니다. 아무것에도 헌신하지 않는 그리스도인은 제자의 도를 찾아 항해하는 이 모험과 스릴을 전혀 맛볼 수 없게 됩니다.

  항해를 하는 도중에 결단코 뜻을 굽히거나 포기하지 마십시오. 우리 주님이시요 선장이신 예수 그리스도께 자랑스럽게 충성을 다짐하기 바랍니다. 머지않아 독자 여러분은 날마다 '하나님과 친밀하고 활력 있는 관계' 속에 살아가는 사람들의 비결을 알게 될 터입니다. 여러분 또한 그런 항해를 하는 사람이 될 것이기 때문입니다.

로버트 포스터

머리말

예수 그리스도께서는 약 3년간의 공생애 동안 전 세계에 복음을 전하기 위한 대담한 계획을 착수하셨습니다. 구세주가 이 세상에 오셔서 인류의 죄를 대신 지고 죽으셨다가 부활하셨다는 기쁜 소식을 모든 족속에게 전하기 위한 프로그램을 실행에 옮기신 것입니다.

예수님께서는 사역 초기에 자기를 따르는 한 무리의 사람들을 모으셨습니다. 이들을 후에 제자라고 불렀습니다. 예수님께서 인기를 얻자 수많은 사람들이 쫓았습니다. 예수님께서는 그들에게 제자의 도에 대해 말씀해 주셨습니다. "누구든지 자기 십자가를 지고 나를 쫓지 않는 자도 능히 나의 제자가 되지 못하리라.… 이와 같이 너희 중에 누구든지 자기의 모든 소유를 버리지 아니하면 능히 내 제자가 되지 못하리라"(누가복음 14:27,33). 예수님께서는 사실상 "너희가 이런 일을 할 만큼 나를 사랑하지 않는다면 결코 내 제자가 될 수 없다"라고 말씀하신 것입니다.

승천하시기 직전, 예수님께서는 제자들을 모아 놓고 "하늘과 땅의 모든 권세를 내게 주셨으니"(마태복음 28:18)라고 말씀하셨습니다. 이 말씀은 우리에게 너무도 큰 위로를 주는 선언입니다. 우리는 세상에서 일어나고 있는 모든 일을 예수 그리스도께서 주관하고 계심을 알아야 합니다. 자신이 만왕의 왕의 권세 아래에 있다는 사실을 깨달을 때, 우리는 크나큰 격려를 받습니다. 더욱이, 우리는 예수님께로부터 직접 주님의 명령을 행할 권세까지 받은 것입니다. 예수님께서는 이어서 제자들에게 다음과 같이 말씀하셨습니다(주님께서는 지금 우리에게도 말씀하십니다).

> **그러므로 너희는 가서 모든 족속으로 제자를 삼아 아버지와 아들과 성령의 이름으로 세례를 주고, 내가 너희에게 분부한 모든 것을 가르쳐 지키게 하라. 볼지어다. 내가 세상 끝 날까지 너희와 항상 함께 있으리라.** (마태복음 28:19-20)

제자를 삼는 것은 지상사명을 수행하는 데 핵심적 요소이며, 제자가 되는 것은 제자를 삼는 데 핵심적 요소입니다.

한 가지 재미있는 사실은 예수 그리스도께서는 전 세계에 복음을 전파하는 주님의 프로그램을 완전한 사람들과 함께 시작하지 않으셨다는 점입니다. 주님께서는 자기와 함께할 수 있는 평범한 사람들, 문젯거리를 안고 있으며 완전하지도 않은 평범한 사람들과 함께 이 일을 시작하셨습니다. 사실 그들 중 어떤 이는 예수님을 의심하기까지 했습니다(마태복음 28:17 참조).

오늘날 진실로 중요한 역할을 담당하고 있는 사람들은 그것이 무엇이든지 간에 거기에 헌신되어 있습니다. 그들은 자신이 따르고 있는 주의나 사상의 제자들인 것입니다. 하나님께서는 바로 우리가 예수 그리스도께 헌신한 제자가 되기를 원하시며, 또한 우리가 그런 제자를 삼기를 원하십니다.

많은 사람들이 스스로를 그리스도인이라고 주장할지 모르나 그리스도께 진정으로 헌신하지 않은 까닭에 제대로 역할을 못하고 있습니다. 제자! 하나님께서 이 사람을 통해 하실 수 없는 일은 없습니다. 우리 모두는 제자가 되는 일과 제자를 삼는 일에 모든 노력과 힘을 기울여야 합니다.

그러면 제자는 어떤 사람입니까? 제자의 도의 특징은 무엇입니까? 그리고 당신은 제자입니까? 그 사실을 어떻게 알 수 있습니까? 이 책은 바로 그러한 내용을 다룹니다. 제1장에서는 제자의 도의 필수 요소를 다루고, 제2장－제12장에서는 제1장에서 제시한 제자의 도의 필수 요소를 하나씩 상세히 다루고자 합니다.

이 책은 **거듭난 삶**(네비게이토 출판사 출간)의 속편이라 할 수 있습니다. 이 책의 내용은 수년에 걸친 선교 사역의 결과이며, 코럴리지 장로교회에서 가르쳤던 내용의 기본이 되었습니다. 이 책을 통하여 그리스도의 주재권 및 기도, 섬김 등과 같은 제자의 삶의 여러 필수 요소가 예수님 당시로부터 오늘에 이르기까지 모든 참된 제자들의 삶에서처럼 당신의 삶의 기초가 되기를 기도합니다.

프랜시스 코스그로브

제 1 장
제자란 무엇인가

마태복음 28:19에서 예수님께서는 제자들에게 "그러므로 너희는 가서 모든 족속으로 제자를 삼아"라고 말씀하셨습니다. "가서 제자를 삼으라!" 이는 예수님께서 제자들에게 주신 마지막 명령이요 지상사명입니다. 그러므로 우리는 바로 제자를 삼아야 하며, 이를 위해서는 먼저 우리 자신이 제자가 되어야 합니다.

이렇게 말씀하실지도 모릅니다. "난 아직 내가 예수님의 제자인지 아닌지 잘 모르겠어." 그렇다면 이 책은 큰 도움이 될 것입니다. 이 책은 제자의 삶의 필수 요소를 다룰 뿐 아니라, 당신이 예수 그리스도의 제자가 되는 일에 어떻게 진보를 나타내고 있는지도 알 수 있도록 했기 때문입니다. 스스로 자신이 어떤 형태로든 복음 전도에 참여하고 있는지 물어보십시오. 자신이 어떤 형태로든 이 지상사명을 성취하는 일을 돕고 있다면 현재 제자삼는 일에 참여하고 있다고 할 수 있습니다.

교회 학교나 성경공부 모임을 인도하고 있는 사람이라면, 이런 활동에서 당신의 목표는 무엇입니까? 참석자들을 예수 그리스도의 제자가 되도록 돕는 것입니까? 아니면, 하나님의 말씀에 대한 지식의 증가를 도울 뿐입니까? 물론 후자도 필요합니다. 그러나 그게 최상의 목표가 될 수 있을까요? 예수님의 지상사명은 우리의 모든 활동이 모든 족속으로 제자를 삼는 이 목표를 지향하고 있어야 한다고 말합니다.

한번은 네비게이토 선교회의 사우스캐롤라이나주 책임자로 일한 적이 있습니다. 당시 간사들과 함께 '제자란 어떤 사람인가?'라는 중대한 질문을 놓고 4일간 계속 토의하였습니다. 모임이 끝나 갈 무렵, 현재 우리가 돕고 있는 각 사람을 평가할 수 있는 질문을 18개 만들 수 있었습니다.

이후 사역에서 이 질문을 널리 사용했습니다. 사람들을 그리스도께로 인도한 지 약 1년쯤 지나면 각 사람에게 이 질문표를 주어 자신을 평가하게 했습니다. 우리는 그들이 자신의 친구들을 주님께로 인도하여 이들을 주님의 제자로 삼는 일에 참여하게 되기를 원했습니다. 이 질문이 좀 어렵긴 했지만, 그렇다고 어느 누구를 실족하게 하려는 것은 아니었습니다. 이 질문은 선교 사역의 결과를 성경의 수준에 비추어 평가하기 위한 것이었습니다. "이 사람은 과연 우리가 그에게 전해 주려 했던 내용을 제대로 배웠는가?" 하는 것입니다.

성경은 변치 않기 때문에 이 목표 역시 변치 않습니다. 사우스캐롤라이나에 있을 당시 나는 이 18개 질문을 11개의 서술식 문장으로 요약했습니다. 그리고 이것을 '제자의 성경적 자격 요건'이라 불렀습니다. 진정으로 제자가 되기를 원하는 사람은 삶에 이러한 특징이 나타날 것입니다. 그러나 꼭 이 11개에만 국한되는 것은 아님을 알아야 합니다. 여기서 언급하지 않은 다른 특징도 제자의 삶의 일부가 되어야 합니다.

아래에 제자의 특징 또는 필수 요소가 참조 성경 구절과 함께 제시되어 있으며, 제2장부터 더 상세하게 다루게 됩니다. 이 장에서는 각 요소를 간략하게 소개하는 정도로 그치겠습니다.

제자의 성경적 자격 요건

1. 제자는 배우는 사람으로서 마음을 열고 가르침을 받으려는 태도를 지니고 있다.
   - ◆ 잠언 9:8-10, 마태복음 4:19, 요한복음 6:60-66
2. 제자는 삶의 모든 영역에서 그리스도를 첫자리에 모신다.
   - ◆ 마태복음 6:9-13,24,33, 누가복음 9:23, 요한복음 13:13, 고린도후서 5:15
3. 제자는 순결한 삶을 살기 위하여 전심전력하며, 점점 더 죄에서 떠나는 삶을 산다.
   - ◆ 고린도전서 6:19-20, 에베소서 4:22-5:5, 골로새서 3:5-10, 데살로니가전서 4:3-7, 디도서 2:12-14
4. 제자는 매일 경건의 시간을 가지며, 기도 생활에서 발전하고 있다.
   - ◆ 시편 27:4, 42:1-2, 마가복음 1:35, 누가복음 11:1-4, 데살로니가전서 5:17-18, 야고보서 1:5-7, 5:16

5. 제자는 듣기, 읽기, 공부, 암송 및 묵상을 통해 하나님의 말씀을 배우고 생활에 적용하는 일에 열망과 성실함을 나타낸다.
   ◆ 요한복음 8:31, 사도행전 2:42, 17:11, 골로새서 3:16, 디모데후서 2:15
6. 제자는 복음을 증거하려는 열망이 있으며, 분명하게 자신의 간증을 나누고, 점점 더 능숙하게 정기적으로 복음을 전한다.
   ◆ 마태복음 28:18-20, 사도행전 1:8, 5:42, 14:21-23, 22:14-15, 로마서 1:16, 고린도전서 15:3-4, 데살로니가전서 2:4
7. 제자는 하나님께 예배하고 자신의 영적 필요를 채우며 다른 지체들을 섬기기 위해 정기적으로 교회에 출석한다.
   ◆ 시편 122:1, 사도행전 16:5, 고린도전서 12:12-27, 골로새서 1:15-18, 히브리서 10:25
8. 제자는 다른 그리스도인들과 정기적으로 교제하면서 사랑과 하나 됨을 나타낸다.
   ◆ 요한복음 17:22-26, 사도행전 2:44-47, 4:31-33, 에베소서 4:1-3, 히브리서 10:24, 요한일서 1:1-3
9. 제자는 실제적인 방법으로 다른 사람들을 도와줌으로써 종의 태도를 나타낸다.
   ◆ 마가복음 10:42-45, 사도행전 6:1-4, 고린도후서 12:15, 빌립보서 2:25-30, 데살로니가전서 2:8-9
10. 제자는 정기적으로 헌금하며, 이를 통해 하나님을 영화롭게 한다.
    ◆ 학개 1:6-9, 말라기 3:10-11, 고린도전서 16:1-2, 고린도후서 8-9, 빌레몬서 1:14

11. 제자는 그리스도 및 주위 사람들과 아름다운 관계를 맺음으로써 성령의 열매를 나타낸다.
   ◆ 사도행전 16:1-2, 고린도전서 13:4-7, 갈라디아서 5:22-23, 베드로전서 2:18-23, 베드로후서 1:5-8

제자는 배우는 사람이다

전적으로 그리스도를 따르려는 사람은 언제나 배우는 사람, 즉 마음을 열고 가르침을 받으려는 태도를 가진 사람이어야 합니다. 제자는 자기가 모든 해답을 다 갖고 있지는 않다는 사실을 잘 알고 있습니다. 이것은 중요한 내용으로서, 그리스도인의 삶에서 더 이상 배울 게 없다고 생각하는 것만큼 위험천만한 일은 없습니다. 예수 그리스도의 제자는 언제나 다른 사람으로부터 기꺼이 배웁니다. 네비게이토 선교회의 창시자이며 초대 회장이었던 도슨 트로트맨은 자주 이렇게 말했습니다. "여러분, 저는 영적 지도자들에게서뿐 아니라, 그리스도 안에 있는 어린아이에게서도 배웁니다." 그리스도의 제자는 언제나 주님과 다른 그리스도인들에게 마음을 열고 배우려는 태도를 지니고 있습니다. 제자는 다른 사람들에게 이렇게 말하는 사람입니다. "전 지금도 배울 수 있습니다. 당신에게서 기꺼이 배우고 싶습니다."

때로 책망이라는 고통스러운 경험을 통해서도 배웁니다. 그동안 선교 사역을 하면서, 배우려는 마음이 없어 삶에서 큰 어려움을 겪는 이들을 많이 보았습니다. 어떤 선교사는 다른 그리스도인의 책망과 훈계를 들을 때 배우려 하지 않았기 때문에 본국으로 되돌아가기도 하고, 돌아간 후 다시 선교지로 돌아오지 않는 경우도 있었습니다. 잠언 6:23에 "훈계의 책망은 곧 생명의 길이라"라고 말씀합니다.

나는 그동안 영적 지도자들로부터 여러 차례 호된 책망을 받은 것을 무척 감사하게 여깁니다. 때로 이것은 정말로 나의 마음을 힘들게도 했지만, 나는 히브리서의 말씀이 생각났습니다. "무릇 징계가 당시에는 즐거워 보이지 않고 슬퍼 보이나 후에 그로 말미암아 연달한 자에게는 의의 평강한 열매를 맺나니"(히브리서 12:11). 잠언에서는 이렇게 말씀합니다. "면책은 숨은 사랑보다 나으니라"(잠언 27:5).

예수 그리스도의 주재권

많은 성경 말씀에서 예수 그리스도의 주재권을 가르칩니다. 예수님께서는 갈보리의 십자가 위에서 우리 죄를 위하여 죽으심으로써 우리를 속량해 주셨습니다. 우리를 자신의 피 값으로 사셨기 때문에 우리에 대한 소유권을 갖고 계십니다. 주님께는 자신에게 속한 것으로 무엇이든지 원하는 대로 하실 권리가 있습니다. 그러므로 우리는 주님의 것이기에 주님을 위해 살아야 합니다(고린도후서 5:15 참조). 우리가 그리스도의 제자가 되기를 원한다면 그리스도께서 우리 삶의 주님이 되시도록 해야 합니다.

예수님께서는 제자들에게 하나님의 나라를 먼저 구하라고 말씀하셨습니다. 그러나 여기에는 항상 싸움이 있는데, 이는 그리스도의 주재권을 인정하는 것은 그리스도인의 삶에서 겪는 가장 큰 갈등 중 하나이기 때문입니다. 또 이것은 자아와 하나님의 뜻 간의 싸움이므로 이 싸움은 끊임이 없습니다. 자신의 영적인 삶에 뭔가 문제가 있다면, 아마 그 근본 원인이 예수 그리스도의 주재권에 굴복하는 일에 실패한 데 있을지도 모릅니다.

예수님께서는 자신이 우리 삶의 주님이라고 분명히 말씀하셨습니다(요한복음 13:13 참조). 이 구절의 전후 문맥을 살펴보면 매우 흥미가 있는데, 예수님께서 제자들의 발을 씻겨 주시고 난 후에 이 말씀을 하셨기 때문입니다. 예수 그리스도의 주재권은 우리를 위한 그분의 섬김의 일종이지만, 그럼에도 그분은 주님이십니다.

모든 그리스도인, 즉 예수님을 구주로 영접한 모든 사람들 안에 그리스도는 계시지만, 그리스도를 진실로 소중히 여기는 사람은 적으며, 그리스도를 아주 존귀하게 여기는 사람은 너무도 적습니다. 당신은 어떤 사람입니까? 당신은 삶의 모든 영역에서 그리스도를 첫자리에 모시고 있습니까? 그렇다면 당신은 주님의 제자가 되는 데 첫발을 내디딘 셈입니다.

순결한 삶

바울의 서신서를 보면 많은 부분에서 순결한 삶에 대하여 다룹니다(에베소서 4:22-5:5, 골로새서 3:5-10, 데살로니가전서 4:3-7 참조). 이 말씀들은 우리에게 경건하고 순결한 생활을 하라고 권면합니다. 우리는 모든 순결치 못한 행실과 습관을 벗어 버리고 순결한 것으로 옷 입어야 합니다. 이 말씀들을 통하여 우리는 죄로부터 분리되는 삶을 살기 위해 밟아야 할 단계를 분명히 알게 됩니다.

죄악 되고 타락한 세상에서 경건한 삶은 뚜렷하게 드러납니다. 경건한 삶은 그렇게 살아도 되고 안 살아도 되는 선택 사항이 아니라 제자의 삶에서 없어서는 안 되는 필수 사항입니다. 경건한 삶은 내 속에 예수 그리스도께서 거하고 계심을 증거하는 수단이기도 합니다. 이는 우리가 세상 사람들이 하는 대로 행동하지 않으며 그들처럼 악을 행하지도 않기 때문입니다.

경건의 시간과 기도

제자는 매일 하나님의 말씀을 읽고 묵상하며 이 말씀을 어떻게 삶에 적용할 것인지 생각하는 시간을 규칙적으로 가져야 합니다. 규칙적인 경건의 시간 외에도 제자는 기도 생활을 발전시켜 나갑니다. 우리가 발전시키다라는 말을 사용하는 것은 기도의 삶이란 하룻밤 사이에 성숙하게 되는 것은 아니기 때문입니다. 그것은 시간이 걸리는 일입니다. 로버트 포스터는 이렇게 말한 적이 있습니다. "기도란 여러분의 생명의 목소리입니다. 여러분의 영적인 상태는 여러분의 기도의 삶에 의해 드러납니다." 잠시 이 문제에 대해 생각해 봅시다. 기도할 때에 내가 현재 영적으로 어느 정도로 성장해 있는지 드러난다는 것입니다. 그래서 경건한 사람이 기도하는 내용을 듣는 것은 언제나 흥미 있는 일입니다. 그는 분명 하나님과 가깝고 밀접한 관계를 맺으며 살고 있기 때문입니다. 또한 그는 자신의 삶의 체험에서 우러

나오는 기도 및 주 예수님과 동행하는 삶으로부터 나오는 기도를 합니다.

많은 성경 말씀에서 예수님을 비롯하여 정기적으로 하나님과 함께 시간을 보낸 경건한 사람들의 본을 보여 줍니다. 시편은 다윗과 여러 시편 기자의 기도 내용으로 가득 차 있습니다. 그들은 하나님과 함께 보내는 이 시간을 그들의 삶에서 없어서는 안 될 중요한 것으로 여겼습니다.

성경의 중요성

제자는 듣기, 읽기, 공부, 암송 및 묵상을 통해 성경 말씀을 성실하게 섭취하는 일에 자신을 드립니다. 여기서 '성실하게'라는 말은 '지속성'을 의미합니다. 내가 그리스도인의 삶을 시작할 때, 나에게 지속적으로 하나님의 말씀을 공부하는 일의 중요성을 강조하고 일깨워 준 이들로 인해 하나님께 감사를 드립니다. 나는 적어도 1년에 45주를 성경공부에 드렸습니다. 하나님의 은혜로 지금까지 수십 년이 넘도록 이 일을 꾸준히 계속해 올 수 있었습니다.

허다한 그리스도인들이 일주일에 한 번 설교를 듣는 것으로 하나님의 말씀을 섭취하는 일을 끝내 버립니다. 예배와 교회 학교에 참석하지만 단지 앉아서 듣기만 할 뿐입니다. 말씀을 들으면서 자신의 마음에 와닿는 내용을 적는 일도 없으며, 성경을 연구해 본 적은 더더구나 없습니다. 참제자는 정기적인 성경 공부를 통하여 하나님의 말씀을 배우고 삶에 적용하는 일에 열망과 성실함을 나타내 보입니다.

한번은 예수님께서 자기를 믿은 사람들에게 이렇게 말씀하셨습니다. "너희가 내 말에 거하면 참 내 제자가 되고"(요한복음 8:31). 이 말씀의 중심 단어는 거하다입니다. 거한다는 말은 매일 하나님의 말씀을 실천하고 순종하는 것을 의미합니다. 또한 하나님의 말씀을 듣고 읽고 공부하고 암송하고 묵상하는 일에서의 규칙성을 의미합니다. 예수님께서는 우리가 이렇게 하면 분명히 '참 내 제자'가 된다고 말씀하셨습니다.

전도의 삶

복음 증거와 전도에 제일의 중요성을 두지 않는 그리스도인은 제자라고 할 수 없습니다. 제자는 자기 간증을 나누는 법을 알아야 합니다. 간증이란 자신이 예수 그리스도를 만나기 전에는 어떠한 삶을 살았는데 지금은 어떻다고 간단히 말하는 것입니다. 간증 이외에도 제자는 복음을 체계적이고 명확하게 소개하는 법을 알아야 합니다. 오늘날에는 전도 훈련을 받을 기회가 얼마든지 있습니다.

예수 그리스도의 제자는 자신의 신앙을 다른 사람과 나누는 일에 힘써야 합니다. 당신은 친구나 친척, 이웃, 직장 동료를 구원하기 위해 관심을 기울이고 있습니까? 효과적으로 자신의 간증을 나눌 수 있습니까? 복음의 내용을 소개하는 법을 배우고 있습니까? 주님의 제자는 이 모든 질문에 "예"라고 대답합니다.

도슨 트로트맨은 전도에 자신을 열정적으로 드린 사람이었습니다. 그는 구주를 모르는 사람들에게 복음을 전하는 일에 불타는 열정이 있었습니다. 50세의 나이로 그가 주님께로 돌아갔을 때, 빌리 그래함은 장례식에서 이렇게 말했습니다. "제가 알고 있는 어느 누구보다도 도슨은 더 많은 사람들에게 영향을 끼쳤습니다."

교회 생활

사도행전에 있는 초대 교회의 역사를 공부해 보면, 사람들이 주님께로 돌아왔을 때, 그들은 즉시 여러 소그룹으로 한데 뭉쳐 교회를 형성한 것을 보게 됩니다. 그들은 지역별로 모여 하나님께 예배하며 함께 교제하였고, 주변 지역을 복음화하기 위한 기지로 이 모임을 사용했습니다.

바울이 복음을 전파한 곳마다 교회가 세워졌습니다. 바울의 제1차 전도 여행에서 이 사실을 볼 수 있습니다. 바울은 갈라디아 남부 지방을 여행하며 복음을 전파했습니다(사도행전 14:2 참조). 바울과 그 일행의 첫째 목표는 전도 즉 복음의 선포였습니다.

바울의 둘째 목표는 양육이었습니다. 바울과 바나바는 그들이 전에 복음을 전했던 갈라디아의 여러 도시를 방문하여 제자들의 "마음을 굳게 하여 이 믿음에 거하라"(사도행전 14:22)라고 권하였습니다. 바울과 바나바는 새로 믿은 사람들이 제자가 되도록 도와주었습니다.

바울의 셋째 목표는 교회를 세우는 일이었습니다. 신자들의 모임이 있는 곳마다 "장로들을 택하여 금식 기도하며 저희를 그 믿은 바 주께 부탁"하였습니다(사도행전 14:23). 바울과 바나바는 각 모임마다 신자들의 영적 필요를 채워 주는 책임이 있는 지도자를 임명하여 교회를 세웠습니다.

교회에 참석한다는 것은 신자들의 지역적 모임의 구성원이 되는 것이며, 지역적 모임이란 우주적인 그리스도의 몸의 지역적인 부분입니다. 히브리서 기자는 교회가 모이기를 폐하는 일에 대해 경고했습니다(히브리서 10:24-25 참조). 신자들은 그때 벌써 교회에 갈 필요가 없다는 생각을 갖고 있었던 것입니다. 그러나 그리스도인의 교제는 하나님의 계획의 일부라는 사실을 알아야 합니다. 하나님께서는 자기 백성이 함께 모여 예배하며, 서로를 격려하고 굳게 세워 주기를 원하십니다.

그리스도인의 교제

모든 제자는 반드시 다른 신자들과 교제를 지속해야 합니다. 이것은 앞의 내용과 밀접한 관련이 있습니다. 모든 그리스도인은 같은 교회에 소속했든 아니든 다른 신자들과 사귀며 그들과 하나 됨을 보이도록 부름을 받았습니다.

모든 신자는 다른 신자들과 정기적으로 교제하기를 힘써야 합니다(요한일서 1:3 참조). 교제에는 필히 모든 신자의 연합을 위한 헌신적인 노력이 있어야 합니다. 물론 조직체로서가 아니라 그리스도의 몸의 진정한 지체로서의 하나 됨이어야 합니다. 성경은 "평안의 매는 줄로 성령의 하나 되게 하신 것을 힘써 지키라"(에베소서 4:3)라고 말씀합니다. 다시 말하면, 각 그리스도인에게는 성령의 하나 되게 하신 것을 힘써 지켜야 할 책임이 있습니다.

그리스도의 몸은 이미 절대로 파괴되지 않는 영원한 영적 일치를 소유하고 있습니다. 그러나 날마다 하나가 되기 위해서는 날마다 노력해야 합니다. 각 그리스도인은 자신이 이 하나 됨을 유지하기 위해 힘쓰고 있는지 확인해 보아야 합니다. 시편 기자는 신자들이 연합하여 함께 사는 것을 보고 무척 기뻐하였습니다(시편 133:1 참조). 어디든지 연합이 있는 곳에서는 그리스도의 복음이 계속 흥왕합니다.

제자는 섬기는 사람이다

제자의 삶에서 또 하나의 필수 요소는 다른 사람을 섬기는 것입니다. 섬김은 예수님의 사역의 중요한 특징입니다. 예수님께서는 이렇게 말씀하셨습니다. "인자의 온 것은 섬김을 받으려 함이 아니라 도리어 섬기려 하고 자기 목숨을 많은 사람의 대속물로 주려 함이니라"(마가복음 10:45).

많은 그리스도인들의 삶을 관찰해 오면서 바로 이 점이 그들의 크나큰 약점 중 하나인 것을 보았습니다. 주님이신 예수님께서 우리를 위해 본을 보이셨는데도, 우리의 본성은 섬기기보다는 섬김을 받기를 더 원합니다.

성경은 하나님의 종의 특징과 그 본보기를 보여 줍니다. 먼저 종의 특징으로는 주인의 부름에 즉각 응하는 태도와 겸손을 들

수 있는데, 가장 훌륭한 본보기는 예수님입니다. 참된 영적 지도자는 자기가 인도하는 사람들을 마음을 다하여 기꺼이 섬기는 사람입니다.

드리는 삶

제자의 삶에 있어야 할 또 하나의 필수 요소는 드리는 것입니다. 제자는 자신의 소유를 주님의 일에 드리고 있어야 합니다. 나는 새 신자가 그리스도를 믿은 후 2-3개월 정도 지나면, 우리가 가진 재물로 하나님을 영화롭게 해야 할 책임에 관한 하나님의 말씀의 교훈 몇 가지를 그와 함께 나눕니다. 신구약 성경 모두 헌금에 대해서 꽤 많이 언급합니다.

구약에서 하나님께서는 자기 백성에게 십일조 즉 수입의 10%를 요구하셨습니다. 그런데 이 요구에 이어 흥미 있는 말씀이 나옵니다. 하나님께서 이렇게 말씀하신 것입니다. "내가 너희를 위하여 황충을 금하여 너희 토지소산을 멸하지 않게 하며"(말라기 3:11). '황충'이란 당신의 돈을 불필요하게 빼앗아 가는 것들이라 믿습니다. 예를 들어, 자동차의 변속기가 갑자기 고장이 난다든지, 에어컨이 타 버린다든지 하는 것입니다. 이 황충은 하나님과 하나님의 백성의 적인 사탄이라 생각합니다. 우리 돈을 하나님을 영화롭게 하는 데 쓰지 않으면, 사탄이 그 돈을 사용하게 하는 결과를 가져올 것입니다.

우리가 직접 하나님께 그 돈을 드리는 것은 분명히 아닌데, 그렇다면 우리는 누구에게 드립니까? 성경은 이에 대하여 몇 가지 원칙을 제시하여 줍니다. 갈라디아서 6:6에는 이렇게 나와 있습니다. "가르침을 받는 자는 말씀을 가르치는 자와 모든 좋은 것을 함께하라."

성령의 열매

제자의 삶에 있어야 할 필수 요소 중 마지막으로 제자는 성령의 열매를 나타내야 한다는 점을 들 수 있습니다. 성경은 이렇게 말씀합니다. "오직 성령의 열매는 사랑과 희락과 화평과 오래 참음과 자비와 양선과 충성과 온유와 절제니…"(갈라디아서 5:22-23). 이러한 열매는 예수님과의 개인적인 관계 및 성령의 내적인 역사의 결과입니다.

제자가 만나는 모든 사람에게 이러한 특징을 삶에서 보여 준다면, 사람들은 매력을 느껴 구세주께로 나아오게 될 것입니다. 이로써 그는 자신이 주님의 제자인 것을 증명하게 됩니다.

그러나 이러한 인격적 특성은 저절로 계발되는 것이 아니므로 그리스도인은 이를 계발하고 나타내기 위해 모든 노력을 기울여야 합니다. "주님, 주님을 위하여 제 삶에도 이러한 특성이 나타나기를 원합니다!"라고 기도해야 합니다. 성령께서는 우리가 이런 태도를 갖고 있을 때 우리를 도와주십니다. 또한 성경은 우리가 주님께 효과적으로 쓰이며 열매 맺는 사람이 될 것을 약속합니다(베드로후서 1:8 참조). 우리의 목표는 주 예수 그리스도의 제자로서, 매력적인 삶을 살아 사람들을 구주께로 인도하는 것입니다.

제 2 장
제자는 배우는 사람이다

제자는 배우는 사람으로서
마음을 열고 가르침을 받으려는 태도를 지니고 있다.

제자라는 단어의 뜻을 사전에서 찾아보면, "(…을) 따르는 자"라고 되어 있습니다. 제자의 또 다른 의미는 배우는 자입니다. 제자와 배우는 자는 같은 말입니다. 또한, 제자라는 단어는 본래 목공과 같은 수공업에서의 도제와 유사한 개념을 내포하고 있습니다. 이에 덧붙여, 예수님께서는 자기에게 배우고 있는 사람들의 삶 속에 있어야 할 제자로서의 삶의 차원과 목표를 말씀해 주셨습니다. "제자가 그 선생보다 높지 못하나 무릇 온전케 된 자는 그 선생과 같으리라"(누가복음 6:40). 스승과 제자가 비록 개성이 서로 다르더라도 제자가 온전히 배운다면 스승과 같이 될 수 있습니다.

성경적인 제자란, 예수님의 삶과 사고방식을 배워 자신의 삶에 적용하기를 열망하는, 예수 그리스도를 따르는 사람입니다. 이는 제자란 마음을 열고 가르침을 받으려는 준비가 되어 있어야 한다는 의미입니다. 제자는 따르는 자로서 배우기를 열망하는 사람입니다.

배우는 자가 된다는 것은, 개념을 파악하고 삶의 원리를 확립하며 지식을 획득하는 것을 포함합니다. 전도, 성경공부의 인도 및 교회 학교 지도와 같은 활동에서는 여기에 필요한 기술도 함께 배웁니다.

따르는 자로서 우리가 배우는 내용은 가르침을 받기보다는 오히려 스스로 보고 깨닫게 되는 경우가 더 많습니다. 다른 사람의 삶 속에서 관찰한, 배울 만한 점을 자기의 삶 속에 받아들이는 것입니다.

바울은 빌립보 교인들에게 자신에게서 보고 배운 것을 실천하라고 말했습니다(빌립보서 4:9 참조). 바울은 가르치는 내용을 말로 전달했을 뿐 아니라, 스스로 그것을 실천함으로써 빌립보 교인들에게 본을 보였습니다. 바울은 데살로니가 교인들에게 이렇게 일깨워 주었습니다. "또 너희는 많은 환난 가운데서 성령의 기쁨으로 도를 받아 우리와 주를 본받은 자가 되었으니, 그러므로 너희가 마게도냐와 아가야 모든 믿는 자의 본이 되었는지라"(데살로니가전서 1:6-7). 그들은 자기들에게 제시된 모범 곧 사도 바울을 본받았으며, 또다시 그들 자신이 다른 두 지방의 신자들에게 본이 되었습니다. 사도 바울처럼, 우리가 따르고 있는 본은 예수 그리스도이심을 확신해야 합니다. "내가 그리스도를 본받는 자 된 것같이 너희는 나를 본받는 자 되라"(고린도전서 11:1).

제자는 성경의 진리를 배우는 사람인 동시에 예수 그리스도를 실생활에서 따르는 사람이어야 합니다. 이 둘을 겸비하고 있을 때 다른 사람들에게 큰 영향을 주게 됩니다.

계발해야 할 생활 영역

이제 예수 그리스도를 따르며 성경의 진리를 배움으로써 제자가 계발해야 할 네 가지 생활 영역을 살펴보고자 합니다. 이 네 가지는 제자가 배우고 계발해야 할 내용입니다.

성 품

제자가 계발해야 할 첫째 영역은 성품입니다. 그리스도를 영화롭게 하는 참다운 성품을 지닌 사람들이 너무나 적습니다. 그러므로 오늘날 절실한 과제는 그리스도를 세상에 올바로 나타낼 사람들을 배출해 내는 것입니다.

성경적으로 볼 때 제자는 주의를 끄는 인물입니다. 그러므로 제자가 본연의 기능을 다하고 있다면, 사람들은 그가 예수님의 제자인 것을 알 것입니다(요한복음 13:35 참조). 주위 사람들이 당신이 예수 그리스도의 제자라는 것을 알고 있습니까? 제자인 우리는 거울처럼 주님의 영광을 반사해야 한다고 성경은 말합니다. 바울은 이렇게 말했습니다. "우리 그리스도인은 얼굴을 가리는 수건이 없습니다. 거울처럼 주님의 영광을 환하게 비출 수 있습니다. 그리고 주님의 영이 우리 속에서 일하시므로 우리는 말할 수 없는 영광 속에서 더욱더 주님을 닮아 갑니다"(고린도후서 3:18, 현대어 성경).

우리의 성품은 속사람을 이루고 있으며 그 속사람으로부터 그 사람의 어떠함이 겉으로 드러나게 됩니다. 그리스도인 성품의 여러 특성은 근본적으로 그리스도를 닮은 것이며 우리 안에 계신 성령의 열매입니다. "사랑, 희락, 화평, 오래 참음, 자비,

양선, 충성, 온유, 절제"(갈라디아서 5:22-23). 이러한 특성으로 말미암아 사람들은 우리를 잊지 않게 됩니다.

사람들은 우리의 사랑과 우리가 주님 안에서 누리는 희락 및 화평을 보아야 합니다. 또한 세상의 그 어느 것도 우리가 주님과 맺고 있는 생명적인 관계를 끊을 수가 없다는 사실을 보아야만 합니다. 또한 하나님께서 우리를 참으신 것처럼 삶의 여러 압박을 견디어 나가면서 보여 주는 우리의 오래 참음을 사람들이 보아야 합니다. 우리가 주님께 하듯 다른 사람을 향해 자비와 양선을 나타낼 때 우리의 성품은 모든 사람이 볼 수 있게 분명히 드러나게 됩니다.

사람들은 우리의 충성을 보아야 하는데, 충성이란 하나님의 신실하심과 하나님의 약속을 믿는 것입니다. 또한 그들은 우리의 온유를 보아야 합니다. 온유란 하나님만이 우리의 방패가 되시며 우리가 다른 사람들에게 받은 부당한 대우를 신원하여 주신다는 사실을 아는 것입니다. 그리고 그들은 우리의 절제를 보아야 합니다.

우리에게는 그리스도를 닮은 성품을 계발해야 할 책임이 있습니다. 바울은 디모데에게 이렇게 편지했습니다.

> 큰 집에는 금과 은의 그릇이 있을 뿐 아니요 나무와 질그릇도 있어 귀히 쓰는 것도 있고 천히 쓰는 것도 있나니, 그러므로 누구든지 이런 것에서 자기를 깨끗하게 하면 귀히 쓰는 그릇이 되어, 거룩하고 주인의 쓰심에 합당하며 모든 선한 일에 예비함이 되리라. (디모데후서 2:20-21)

우리에게는 하나님께서 우리에게 원하시는 선한 일을 하기 위해 예비된 귀한 그릇이 되어야 할 책임이 있습니다.

전도서에서는 성품에 관해 재미있는 말씀을 합니다. "죽은 파리가 향 기름으로 악취가 나게 하는 것같이 적은 우매가 지혜와 존귀로 패하게 하느니라"(전도서 10:1). 생활 속의 조그만 죄가 우리 성품 속에 있는 모든 지혜롭고 존귀한 것을 패하게 합니다.

우리가 자칫 범하기 쉬운 조그만 죄들로 말미암아 인격이 더럽혀진 사람들을 가리키는 데 사용되는 말이 하나 있습니다. "조금만 흠이 있어도 가치를 뚝 떨어뜨립니다!" 이 말은 본래 백화점에서 흠이 있는 옷을 염가 판매할 때 쓰는 말인데, 마땅히 갖추고 있어야 할 인격을 갖추지 못한 사람들에게 붙여진 말이 되어 버렸습니다. 작으면서도 금방 눈에 띄는 결점이 있습니다.

배우는 자요 따르는 자로서, 제자는 자신의 성품이 예수 그리스도를 나타내도록 성품을 계발하는 일에 힘써야 합니다.

주님의 일에서의 숙달

제자가 계발해야 할 두 번째 영역은 주님의 일에서 숙달되는 것입니다. 앞에서 이미 한 사람의 인격적 특성은 곧바로 그의 사역에 반영된다는 사실을 배웠습니다. 그가 성숙한 인격의 소유자라면, 효과적으로 주님의 일을 할 것입니다. 그러나 인격적으로 미성숙하다든지 결점이 있다면 사역에서도 별 효과를 거두지 못합니다. 이것이 오늘날 우리가 선교 훈련을 받으러 오는 젊은이들에게 인격 계발을 강조하는 이유입니다.

숙달의 열쇠는 모든 일을 탁월한 수준으로 해내려고 전심전력하는 것입니다. 탁월성은 주님의 사역의 특징이었습니다. "사람들이 심히 놀라 가로되, '그가 다 잘하였도다…' 하니라"(마가복음 7:37). 우리는 예수님을 따르는 자로서 이와 같이 모든 것을 탁월한 수준으로 하기 위해 노력해야 합니다.

코럴리지 장로교회에서 일하고 있을 때 나는 항상 짐 케네디 목사의 설교에 감동을 받았습니다. 그의 설교는 언제나 훌륭했으며, 그는 그러한 설교를 통해 많은 사람들에게 유익을 주었습니다. 그의 설교는 매우 탁월하여 많은 사람들로 하여금 예수 그리스도의 구원에 이르는 지식으로 나아오게 하였습니다. 그는 맡은 일이 많았기 때문에 설교의 책임을 회피할 수 있는 구실도 있을 수 있었습니다. 그러나 그는 훌륭한 설교를 하려고 힘썼으며, 설교 준비에 많은 시간을 투자했습니다.

그리스도인은 마땅히 주님의 일에서의 숙달이라는 목표를 힘써 추구해야 합니다. 존 가드너는 탁월성에 대하여 이렇게 말했습니다.

> 우리는 행복이란 안락이나 기분 전환, 평안 및 자신의 모든 소원이 만족되는 상태 등이 반드시 따라야 한다고 생각하는 잘못에 빠집니다. 그러나 대부분의 사람들에게 행복은 이러한 무위도식의 상태에서 발견되는 것이 아니라 **의미심장한 목표를 힘써 추구할 때 발견됩니다.**

그리스도의 제자가 되려는 사람은 누구나 주님의 일을 수행하는 데 필요한 기술을 계발하기 위해 노력해야 합니다. 우리는 하나님께서 주신 영적 은사를 숙달하여 맡은 책임을 잘 수행해야 합니다. 우리가 질적인 삶을 전심으로 추구할 때, 결국 질은 양을 만들어 내게 될 것이요 큰 열매를 거두게 될 것입니다. 우리가 영적 배가의 원리 안에서 훈련할 사람들을 찾을 때면, 영적 재생산에 필수적인 자질을 많이 가지고 있는 사람들을 찾습니다.

바울은 고린도 교인들에게 보낸 서신에서 흥미 있는 사실을 얘기합니다.

> 내가 그리스도의 복음을 위하여 드로아에 이르매 주 안에서 문이 내게 열렸으되, 내가 내 형제 디도를 만나지 못하므로 내 심령이 편치 못하여 저희를 작별하고 마게도냐로 갔노라. (고린도후서 2:12-13)

바울은 유망한 선교의 기회를 포기하고 디도를 찾으러 갔습니다. 그는 왜 드로아에서 그리스도를 전파하는 기회를 버리고 한 사람을 찾으러 갔을까요? 드로아보다는 디도가 바울에게는 더 중요했기 때문입니다. 바울은 디도가 적절한 훈련만 받으면 선교 사역에 숙달되어 장차 수많은 신자들을 배가하리라는 사실을 잘 알고 있었습니다. 그러한 적격자만 있으면 바울은 드로아뿐만 아니라 훨씬 더 많은 도시에 복음을 전할 수 있었습니다. 디도가 바로 그러한 적격자였습니다. 질은 언제나 양을 가져오게 마련입니다.

마이애미에 있을 당시, 고등학교 3학년인 호세 오르테가라는 학생이 우리 성경공부에 참석하기 시작했습니다. 그는 그리스도 안에서 갓난아이였는데도 불구하고 예수님께 대한 그의 헌신은 매우 확실했습니다. 나는 이 젊은이 속에서 엄청난 발전

가능성을 보았습니다.

성경공부 도중, 그는 여러 가지 질문에 훌륭하게 답변했는데, 이는 준비를 잘해 왔기 때문입니다. 그는 토의에도 참여하였고, 또 자신이 준비해 온 날카로운 질문을 하기도 했습니다. 그는 여러 해 동안 그리스도인의 삶을 살아온 사람들에게서나 들을 수 있었던 그런 이야기들을 하곤 했습니다. 그는 내가 보기에 예수님을 믿은 지 이미 5년 정도는 된 것처럼 보여 내가 따로 시간을 더 할애했던 그런 사람이었습니다.

우리 사역의 모든 면이 질적이라야 합니다. 우리가 현재 하고 있는 모든 일이 예수 그리스도를 위한 것임을 깨달을 때, 우리는 질에 더욱 관심을 쏟게 됩니다.

도슨 트로트맨은 사역에서의 숙달을 너무도 중요하게 생각했기 때문에 오타가 있거나 편지 봉투에 주소를 잘못 기재하는 것을 허용하지 않았습니다. 이것은 아주 사소한 일인지도 모르지만 이처럼 그는 많은 사람을 질적인 삶을 살도록 훈련하여 마침내 전 세계에 커다란 영향을 끼쳤습니다.

한번은 어느 도시에서 열린 네비게이토 전도 집회에 참석했는데, 몇몇 형제 자매들의 옷차림이 단정치 못한 것을 보고 매우 기분이 언짢았습니다. 이는 결국 이러한 나쁜 이미지를 전 세계에 심게 될 것이고, 사람들로 하여금 다시는 이런 전도 집회에 오지 않도록 만들 것이기 때문입니다. 그래서 나는 그 전도 집회의 인도자들에게 집회의 인도 방법뿐 아니라 개개인의 옷차림에서까지 탁월한 수준을 강조하도록 권면했습니다. 외모도 소홀히 여겨서는 안 되는 사역의 일면입니다.

우리가 예수 그리스도를 높이기를 원할진대 질적으로 성숙한 수준을 위해 기꺼이 값을 치르지 않으면 안 됩니다. 혹 큰 대가를 치러야 할 수도 있으나 그 결과는 굉장합니다. 사역의 숙달을 위해 노력하는 것은 예수 그리스도의 제자에게는 필수 과제입니다.

확 신

우리가 자신의 믿음의 기초를 타인의 확신 위에 둔다면, 그것이 더 이상 아무 효력을 발휘하지 못하는 때가 닥쳐옵니다. 그러므로 우리는 자신의 확신을 계발해 나가야 합니다.

모세의 삶에서 이러한 확신에 대한 좋은 본보기를 찾아볼 수 있습니다. "믿음으로 모세는 장성하여 바로의 공주의 아들이라 칭함을 거절하고 도리어 하나님의 백성과 함께 고난받기를 잠시 죄악의 낙을 누리는 것보다 더 좋아하고"(히브리서 11:24-25). 모세는 부모로부터 배운 확신을 자기의 것으로 삼든지 아니면 포기하든지 해야 하는 입장에 서게 되었던 것입니다.

사우스캐롤라이나주의 찰스턴에서 선교할 당시, 나는 미국 육군사관학교인 웨스트포인트와 유사한 군사학교인 시타델(사우스캐롤라이나 주립 사관학교)에서도 선교 활동을 했습니다. 학교 기숙사에서 생활하고 있는 학생들을 찾아가 보면 모든 것이 아주 잘 정돈되어 있는 것을 봅니다. 침대는 깨끗하게 정돈되어 있었고, 모포도 1/4로 접어 모가 지게 개어 있었습니다. 모든 물건이 정위치에 정돈되어 있었으며, 군화는 번쩍번쩍 광이 나고, 제복은 칼날처럼 줄이 잡혀 있으며, 책상 위의 책도 가지런하게 잘 정돈되어 있었습니다. 참으로 아름다운 모습이었으며, 정기적으로 실시되는 내무 사열에 능히 합격할 수 있는 수준이었습니다.

여름 방학 동안 몇 학생이 우리와 같은 아파트 건물에서 지내게 되었는데, 어느 날 아파트 주인이 그 학생들은 너무 지저분하다고 나에게 불평을 털어놓았습니다. 그렇다면 왜 이렇게 딴판일까요? 대답은 간단합니다. 그들이 기숙사에서 생활하고 있을 때는 규율대로 살도록 강요받았던 것입니다. 그들은 자신이 살고 있는 곳을 질서 정연하고 깨끗하게 유지하는 것에 대하여 개인적인 확신이 없었습니다. 학교의 요구가 결코 자신의 확신은 되지 않았기에 그들은 아파트를 깨끗이 유지하는 일에 별로 신경을 쓰지 않았던 것입니다.

그리스도인에게 개인적인 확신이란 대단히 중요합니다. 자기 방을 깨끗하게 유지하는 것과 같은 평범하고 일상적인 일에서도, 자기의 선한 간증을 위하여 이러한 개인적 확신은 대단히 중요합니다. 그리스도인은 세상 사람들과는 뭔가 다른 존재로 드러나야만 합니다.

확신은 또한 영적인 삶을 위해서도 중요합니다. 우리가 제자가 되며 제자를 삼는 일에 확신을 갖고 있다면, 우리는 제자가 되고 제자를 삼을 것입니다. 그러나 이 영역에 확신이 없으면, 우리는 제자가 될 수도, 제자를 삼을 수도 없습니다. 성경공부에 대해서도 마찬가지입니다. 많은 사람들이 성경공부를 시작하지만, 단지 누구의 권유나 또는 친구들이 하고 있기 때문에 하는 경우가 있는데, 그들은 성경공부의 중요성에 대한 개인적 확신이 없기 때문에 결국은 도중에 그만두게 됩니다.

확신을 가지고 있는 사람은 그 확신을 생활에 적용하는 데 필요한 방법을 찾아냅니다. 반면에 어떤 사람에게 이 세상의 모든 이용 가능한 방법을 다 제시해 준다 해도 그에게 확신이 없으면 그 하나도 사용하지 않을 것입니다. 예수 그리스도께서는 우리가 지상사명을 어떻게 수행할 것인가에 대하여 세부적인 지침을 많이 주시지는 않았습니다. 주님께서는 단지 우리에게 그 일을 하라고 말씀하셨습니다. 주님께서 우리에게 그 일을 하라고 말씀하셨기 때문에 우리는 그 일의 중요성에 대한 강한 확신을 가지고 효과적인 방법을 개발해 나가야 합니다.

'전도 폭발' 훈련의 창시자인 짐 케네디 목사는 그리스도인은 누구나 자기의 믿음을 적절히 전달하는 법을 배워야 한다는 확신을 가지고 있었습니다. 이 확신이 먼저 왔고 다음에 그 방법이 왔습니다. 그는 마침내 평범한 신자들을 위한 전도 훈련에 사용할 수 있는 훌륭한 프로그램을 개발했고, 오늘날 이 프로그램은 전 세계에서 성공적으로 운용되고 있습니다.

전 망

마지막으로, 제자가 계발해야 할 영역은 전망입니다. 전망이란 어떤 일의 시작과 예상되는 끝을 볼 줄 아는 능력입니다. 이것을 '원근 비전'이라고 부르기도 하는데, 이는 자기 바로 앞에 있는 것뿐 아니라 저 멀리 있는 것도 볼 수 있는 능력이기 때문입니다.

그리스도인들 사이에서 전망이란 보기 드문 특성입니다. 우리는 당장 눈앞에 있는 것만을 보려고 하는 결점을 가지고 있는 것 같습니다. 그리하여 현재 하고 있는 행동의 장기적인 결과가 무엇인지를 보지 못합니다.

언젠가 어느 사업가의 사무실에 들른 적이 있었는데, 그의 책상 위에 써 놓은 글귀를 보고 큰 감명을 받았습니다. "이 사업은 앞으로 5년간 수지가 맞을 것인가?" 이것이 바로 전망입니다. 우리는 현재 하고 있는 일이 앞으로 5년간 바람직한 성과를 거둘 것인지 자문해 보아야 합니다. 올바른 전망을 가진 사람은 이렇게 기도할 것입니다. "주님, 제가 앞으로 5년 동안 이 도시에 살게 하실진대, 저의 복음 증거를 통하여 그리스도를 만나 제자가 된 사람들을 남길 수 있게 해 주옵소서."

전망은 또한 하나님의 관점에서 삶의 여러 가지 일을 바라보거나, 적어도 하나님의 관점은 나의 관점과는 다르며 보다 명확하다는 사실을 기억할 줄 아는 능력입니다.

전망은 자신이 당면한 환경에 대한 적극적인 시야를 포함합니다. 당신은 현재의 환경을 어떻게 바라봅니까? 장애물로 볼 수도 있고, 전진을 위한 디딤돌로 볼 수도 있습니다. 좌절과 패배적인 상황으로 볼 수도 있고, 성공을 위한 좋은 기회로 볼 수도 있습니다. 전망을 가지고 있는 사람은 당면한 모든 환경을 발전을 위한 디딤돌과 좋은 기회로 봅니다. 그는 항상 현재만이 아니라 미래까지도 바라보면서 어떤 일을 파악합니다.

그러면 어떻게 삶에서 이러한 확신과 전망을 확립할 수 있겠습니까? 누구에게나 적용할 수 있는 세 가지 지침을 말씀드리고자 합니다.

방법보다는 원리에 역점을 둘 것. 전도와 양육의 필요성보다는 전도와 양육의 방법에 더 관심이 있는 사람은 아무것도 못합니다. 비록 전도와 양육을 시작한다 할지라도 얼마 못 가 흐지부지하게 끝나 버리고 맙니다. 그러나 확신과 전망을 가지고 있는 사람은 자기가 사용 가능한 모든 방법을 다 동원하며 마침내 그 일을 성취합니다. 원리는 보편적이기 때문에 그는 언제 어디서나 그 일을 하게 될 것입니다. 그러나 방법은 때와 장소에 따라 달라질 수 있습니다.

현재 하고 있는 일의 이유에 초점을 맞출 것. 기술보다는 목적에 강조점을 두십시오. 기술을 발전시키는 이유가 바로 목적을 성취하기 위한 것이기 때문입니다. 현재 하고 있는 일의 이유를 알 때 그 일을 행하기가 더 쉬워집니다. 물론 전도의 기술을 익히는 것도 분명히 중요합니다. 그러나 전도하는 이유를 모르면 그 기술은 그다지 쓸모가 없습니다.

우리는 전도 훈련을 할 때 전도의 기술도 기술이지만 목적을 강조하고 있습니다. 그래서 훈련을 받는 사람들은 그들이 하고 있는 일의 이유를 듣습니다. 실습 시간에도 훈련을 받는 사람은 효과적인 전도에 대한 개요와 의사 전달 방법을 배우지만 그 강조점은 역시 목적에 있습니다.

하나님에 관한 이론을 배우기보다 하나님을 믿고 신뢰하는 데 중점을 둘 것. 당신은 아브라함과 오늘날의 신학자 중 누가 더 하나님에 관해 많이 안다고 생각합니까? 아브라함은 신학 체계의 내용을 오늘날의 우리만큼 잘 알지는 못했을 테지만 분명히 그는 하나님을 친밀히 알고 있었으며 순종과 복종 가운데 하나님과 동행했습니다.

모든 신학적인 내용을 상세히 알고 이해하는 것보다 하나님과 살아 있는 개인적 관계를 유지하는 것이 훨씬 더 중요합니다. 그리스도의 제자는 온전히 하나님을 믿고 의뢰하는 법을 배워야 합니다. 이것은 믿음으로 행하는 것을 의미합니다. 이와 같이 하나님을 견고하게 믿고 의뢰할 때에, 경험을 통하여 확신과 전망은 계발됩니다.

그러므로 하나님에 대한 지식이나 믿음으로 사는 법에 관한 이론만을 알고 있는 사람들은 이것을 실생활에서 경험해 보아야 합니다. 제자는 하나님을 믿고 의뢰하는 법을 배워야 합니다. 물론 당장에 믿음의 거인이 되지는 않습니다. 아브라함도 역시 마찬가지였습니다. 마치 아기가 걸음마를 배우듯이 믿음으로 걷는 법을 배워야 합니다. 주님의 제자는 믿음의 걸음마부터 시작합니다. 넘어지면 또다시 일어나 걷기를 시도합니다. 이와 같이 꾸준히 하나님을 믿고 의뢰함으로써 제자는 믿음으로 사는 법을 배우게 됩니다.

언젠가 성경공부 시간에 어느 부부가 자기 아이들을 기독교계 학교에 입학시킬지의 여부를 두고 고민 중이라고 한 적이 있었습니다. 공립학교보다는 학비가 더 들었기 때문입니다. 그 부부는 아이들을 기독교 학교에 보낼 여유가 있는지를 어떤 식으로 검토하고 있는지 얘기했습니다. 나는 이 젊은 부부 속에서 이제 막 믿음의 발걸음을 내디디려고 힘쓰는 모습을 보았습니다. 나는 그들에게 물었습니다. "먼저, 두 분은 자녀들을 향한 하나님의 뜻이 무엇인지 알아야 합니다. 하나님께서는 두 분이 자녀를 이 학교에 보내기를 원하실까요?" 그들의 삶에 대한 하나님의 뜻, 이것이 중대한 문제였습니다. 일단 이 문제만 해결되면 재정적인 문제는 하나님의 공급을 의뢰할 기회가 될 수도 있습니다.

예수 그리스도께서는 "너희는 먼저 그의 나라와 그의 의를 구하라. 그리하면 이 모든 것을 너희에게 더하시리라"(마태복음 6:33)라고 말씀하셨습니다. 주님께서는 우리가 하나님을 전심으로 의뢰하면 하나님께서 공급해 주신다고 말씀하고 계십니다. 이것이 믿음으로 살아가는 주요한 원리입니다.

  이 말씀 속에는 하나님의 높으신 시야와 우리의 모든 필요를 공급하여 주실 능력이 포함되어 있습니다. 성경이 아브라함에 대하여 말하는 내용이 바로 이것입니다. "믿음이 없어 하나님의 약속을 의심치 않고 믿음에 견고하여져서 하나님께 영광을 돌리며 약속하신 그것을 또한 능히 이루실 줄을 확신하였으니"(로마서 4:20-21).

* * *

  그리스도를 따르고 배우는 사람으로서, 제자는 성품 계발에 전심으로 힘쓰며 점점 더 그리스도의 형상을 닮아 갑니다. 배우는 일에 기꺼이 자신을 드릴 때, 우리는 하나님의 은혜로 그리스도의 트로피가 됩니다. 또한 주님의 부드럽고 사랑스러운 보살핌의 결과로 그리스도의 영광스러운 제자가 됩니다. 예수 그리스도의 제자로 부르심을 받는다는 것은 얼마나 고귀하고 영광스러운 일인지 모릅니다.

제 3 장
예수 그리스도의 주재권

제자는 삶의 모든 영역에서 그리스도를 첫자리에 모신다.

그리스도의 주재권을 인정한다는 말은 자신에 대한 그리스도의 절대적 지배권을 인정하면서, 전 자아가 예수 그리스도의 권위와 지도에 매일 복종하고 굴복하는 것을 의미합니다. 다른 말로 하면, 자신은 자기 인생의 왕좌에서 내려오고, 그 자리를 예수님께 넘겨드리는 것을 말합니다.

그리스도인의 삶에서 예수 그리스도의 주재권은 가장 중대한 문제입니다. 이는 제자의 도에서 절대적으로 필요한 근본 요소입니다. 사실 이것이 한 사람이 하나님께 얼마나 쓸모 있는 사람이 될 것인가를 결정한다 해도 과언이 아닙니다.

그리스도인 삶에서의 모든 열망과 축복과 기쁨은 절대적으로 주님이신 예수 그리스도께 대한 우리의 굴복에 달려 있습니다. 자신을 그리스도의 주재권에 무조건 내맡길 때까지는 우리는 그리스도인의 삶의 진수를 맛볼 수가 없습니다.

더구나 그리스도의 주재권에 대한 굴복이란 한 번으로 끝나는 것이 아닙니다. 먼저 결심함으로 예수 그리스도를 자기 삶의 주님으로 삼고, 또한 매일 새로이 헌신함으로써 그 결심을 지켜 나가지 않으면 안 됩니다. 날마다 우리는 이렇게 기도해야 합니다. "하나님 아버지, 제 삶을 주 예수님께 다시 바치나이다!"

주님이신 예수 그리스도

예수 그리스도는 하나님이십니다. 그러므로 그분께는 이미 모든 피조물을 다스릴 권위가 있습니다.

하나님은 어떤 분이신가

성경은 하나님을 묘사하기 위하여 여러 가지 단어와 개념을 사용하고 있는데, 이는 단지 신학적 용어에 그치는 것이 아니라 우리 모두에게 직결된 중요한 사실입니다. 실천함으로 예수 그리스도를 주님으로 삼기 위해서는 그가 어떤 분인지를 알아야 합니다. 성경은 하나님이 영원하시고, 전능하시며, 전지하시고, 어디에나 계시며, 광대하시고, 위엄이 있으시며, 영화로우신 분이라고 말합니다. 그러나 이 모든 단어로도 하나님을 완전하게 묘사할 수는 없습니다.

일생토록 하나님을 섬기며 산 다윗왕은 이렇게 기도했습니다.

여호와여, 광대하심과 권능과 영광과 이김과 위엄이 다 주께 속하였사오니 천지에 있는 것이 다 주의 것이로소이다. 여호와여, 주권도 주께 속하였사오니 주는 높으사 만유의 머리심이니이다. 부와 귀가 주께로 말미암고 또 주는 만유의 주재가 되사 손에 권세와 능력이 있사오니 모든 자를 크게 하심과 강하게 하심이 주의 손에 있나이다. 우리 하나님이여, 이제 우리가 주께 감사하오며 주의 영화로운 이름을 찬양하나이다. (역대상 29:11-13)

예수 그리스도는 하나님이시기 때문에 주님이실 뿐 아니라, 또한 우리에게 주신 구원을 인하여 주님이 되십니다. 우리는 자신을 구원할 수가 없습니다. 즉 자신을 구원할 수 있는 길이 전혀 없습니다.

오직 예수님께서 우리가 그분과 함께 영생을 누릴 수 있도록 우리를 구속해 주셨습니다. 또한 예수 그리스도는 만유를 창조하셨기 때문에 만유의 주님이 되십니다. 그분의 높으신 지위와 그분이 하신 일이 주재권 문제의 핵심을 이룹니다.

이미 예수 그리스도께서 주님이신 영역

성경은 예수 그리스도께서 실제로 주님이신 수많은 영역을 분명하게 보여 줍니다.

예수 그리스도는 천사들의 주님이시다. 세상의 구주이신 예수 그리스도께서는 천사보다 뛰어나십니다. "저가 천사보다 얼마큼 뛰어남은 저희보다 더욱 아름다운 이름을 기업으로 얻으심이니"(히브리서 1:4). 이 사실은 구약에서도 분명히 볼 수 있는데 삼위일체 하나님(성부 하나님, 성자 하나님, 성령 하나님)께서는 천사들에게 경배를 받으시는 것입니다. 예수 그리스도께서는 자기의 영광으로 하늘 천사들의 눈이 부시게 하시며,

천사들은 "거룩하다, 거룩하다, 거룩하다, 만군의 여호와여"(이사야 6:1-4 참조)라고 외칩니다.

사도 요한은 수많은 천사들에게 경배를 받으시는 하나님의 어린양이신 예수님을 보았습니다.

> 내가 또 보고 들으매, 보좌와 생물들과 장로들을 둘러선 많은 천사의 음성이 있으니 그 수가 만만이요 천천이라. 큰 음성으로 가로되, "죽임을 당하신 어린양이 능력과 부와 지혜와 힘과 존귀와 영광과 찬송을 받으시기에 합당하도다" 하더라. (요한계시록 5:11-12)

예수 그리스도는 사탄에게도 주님이시다. 예수 그리스도는 갈보리의 십자가 위에서 당당히 승리를 거두고 사탄을 이기셨습니다. 마귀는 이미 패배당한 적입니다. 성경은 이렇게 말씀합니다. "정사와 권세를 벗어 버려 밝히 드러내시고 십자가로 승리하셨느니라"(골로새서 2:15). 예수 그리스도께서는 죄와 사망과 지옥과 사탄에 대하여 완전히 승리하셨습니다.

그뿐만 아니라 예수 그리스도께서는 우리가 그분의 주재권에 굴복할 때 날마다 사탄과의 싸움에서 승리하도록 인도하여 주십니다. 그러므로 우리는 모든 유혹을 이길 수가 있습니다. "사람이 감당할 시험밖에는 너희에게 당한 것이 없나니, 오직 하나님은 미쁘사 너희가 감당치 못할 시험 당함을 허락지 아니하시고, 시험당할 즈음에 또한 피할 길을 내사 너희로 능히 감당하게 하시느니라"(고린도전서 10:13). 또한 이렇게 말씀합니다. "만일 하나님이 우리를 위하시면 누가 우리를 대적하리요?… 그러나

이 모든 일에 우리를 사랑하시는 이로 말미암아 우리가 넉넉히 이기느니라"(로마서 8:31,37). 우리는 예수님 안에서, 예수님으로 말미암아 승리합니다.

예수 그리스도는 모든 나라의 주님이시다. 세계의 모든 나라는 예수님의 통치 아래 있습니다. 애굽왕 바로는 하나님의 백성 이스라엘을 계속 노예로 잡아 두려고 애쓰다가 이 사실을 발견했습니다. 하나님께서 바로에게 이렇게 말씀하셨습니다. "내가 너를 세웠음은 나의 능력을 네게 보이고 내 이름이 온 천하에 전파되게 하려 하였음이니라"(출애굽기 9:16). 바벨론왕 느부갓네살은 다음과 같이 선언했습니다. "땅의 모든 거민을 없는 것같이 여기시며, 하늘의 군사에게든지 땅의 거민에게든지 그는 자기 뜻대로 행하시나니, 누가 그의 손을 금하든지 혹시 이르기를 '네가 무엇을 하느냐' 할 자가 없도다"(다니엘 4:35).

이 세상을 지배하는 최종적인 권세는 예루살렘이나 카이로, 파리나 런던에 있지 않습니다. 워싱턴이나 모스크바에 있는 것도 아닙니다. 그것은 곧 하나님의 손에, 그리고 그리스도의 손에 있습니다. 그리스도는 세계 모든 나라의 주님이십니다.

예수 그리스도는 모든 피조물의 주님이시다. 성경은 예수님의 주재권에 대하여 이렇게 말씀합니다.

> 그는 보이지 아니하시는 하나님의 형상이요 모든 창조물보다 먼저 나신 자니, 만물이 그에게 창조되되 하늘과 땅에서 보이는 것들과 보이지 않는 것들과 혹은 보좌들이나 주관들이나 정사들이나 권세들이나 만물이 다 그로 말미암고 그를 위하여 창조되었고, 또한 그가 만물보다 먼저 계시고 만물이 그 안에 함께 섰느니

라. (골로새서 1:15-17).

모든 보이는 것들과 보이지 않는 것들이 다 예수 그리스도에 의해 창조되었으며 그분에 의해 유지되고 있습니다. 이 우주를 보면 수많은 은하계와 별이 있는데, 이 역시 모두 예수 그리스도에 의해 만들어졌습니다. 또한 한 주먹 흙 속에도 보이지는 않지만 무수히 많은 생명체가 존재하고 있는데, 이 모두가 예수 그리스도에 의해 창조되었습니다. 전자, 양자, 중성자 등으로 구성된 원자 하나만 하더라도 이해할 수 없는 면이 너무나 많습니다. 그러나 성경은 예수 그리스도께서 이 모든 것을 만드셨다고 말합니다. 지음을 받은 만물 중 하나를 제외하고는 모두가 그리스도의 주재권에 굴복합니다. 그리스도의 주재권에 굴복하지 않는 유일한 존재가 바로 인간입니다!

매일의 삶에서의 주재권. 입술로는 예수 그리스도를 구주와 주님으로 인정하지만, 매일매일의 삶에서 그분을 주님으로 모시고 사는 그리스도인은 너무도 적습니다. 그리스도의 주재권을 인정하지 않는 그리스도인은 마치 짠맛을 잃은 소금처럼 그저 평범하고 아무 쓸모도 없는 파멸적인 삶을 살게 되는데, 이는 비극적인 일입니다.

그리스도의 주재권에 굴복하지 않는 그리스도인에게 하나님께서 진노하신 수많은 예를 성경에서 찾아볼 수 있습니다. 이사야에서 말라기까지 구약의 예언서는 모두 하나님의 백성이 하나님의 주재권에 응답하지 않았기 때문에 하나님께서 자기 백성에게 진노하신 사실을 보여 줍니다. 만일 하나님께서 인간의 반역에 대해 진노하지 않으신다면, 이는 거룩하시고 의롭고 공

의로우신 그분의 속성에 위배됩니다. 그리스도인도 하나님의 심판대 앞에 섭니다. 성경은 이렇게 말씀합니다. "이는 우리가 다 반드시 그리스도의 심판대 앞에 드러나 각각 선악 간에 그 몸으로 행한 것을 따라 받으려 함이라"(고린도후서 5:10). 하나님의 심판의 결과는 우리가 그리스도의 주재권에 굴복했는지의 여부에 영향을 받게 될 것입니다.

그렇게 하시는 하나님이 다소 가혹하시다고 하겠습니까? 결코 그렇지 않습니다. 이는 마치 구원의 조건을 우리가 정한 것이 아니듯 – 구원이란 오직 하나님께 속한 것입니다 – 주재권의 조건도 우리가 변개할 수 없다는 것을 분명히 알 수 있기 때문입니다. 예수 그리스도는 주님이십니다. 그리고 이것은 변개할 수 없는 사실입니다.

많은 사람들이 기꺼이 그리스도께로 나와서, 타락하고 문제투성이였던 자신의 삶을 그리스도께 내맡기지만, 새로이 지음받은 자신의 삶을 그리스도께 내맡기기는 주저합니다. 어떤 이는 이렇게 말합니다. "그렇다면 하나님은 내가 그분의 손안에 든 인형이 되기를 원하신다는 말씀입니까? 그럴 리가 없습니다!" 이와 같이 많은 사람들이 그리스도가 자신의 구주이기는 원하면서도 자신의 주님이기는 원하지 않습니다.

제자를 위한 예수 그리스도의 계획

예수 그리스도는 주님이신 까닭에 그분의 백성 개개인을 위한 각각의 계획을 갖고 계십니다. 우리가 그리스도의 주재권에 굴복할 때 우리의 삶을 위한 그분의 계획을 알 수 있게 됩니다.

항상 복종하는 것

우리를 위한 하나님의 계획은 예수 그리스도를 닮는 것입니다. 예수 그리스도의 생애를 생각해 보면 온전히 아버지께 복종하신 것을 알 수 있습니다. 예수님은 자신의 삶의 목적이 "나를 보내신 이의 뜻을 행하며 그의 일을 온전히 이루는 이것"이라고 말씀하셨습니다(요한복음 4:34). 이것이 바로 하나님께서 우리에게 요구하시는 바입니다.

우리가 예수 그리스도처럼 되려면 항상 그분께 복종해야 합니다. "하나님이 미리 아신 자들로 또한 그 아들의 형상을 본받게 하기 위하여 미리 정하셨으니…"(로마서 8:29). 과연 이 일이 실제적으로 우리에게 가능한 것일까요?

하나님 앞에 서서, 나는 항상 하나님을 기쁘시게 하는 일만 했노라고 말할 수 있는 사람은 아무도 없습니다. 우리가 안고 있는 문제의 핵심은 주재권 결정을 두고 여전히 자기 의지가 갈등하고 있는 우리 마음속에 있습니다. 빈번히 우리는 하나님의 뜻을 행하기보다는 하나님의 뜻이 아닌 것을 행하기가 더 쉽습니다. 그러나 하나님께서는 자아를 이기고 그리스도의 주재권에 굴복할 수 있는 힘을 공급해 주실 것을 우리에게 약속하셨습니다(로마서 6장 참조). 우리가 예수님처럼 되는 것이 하나님의 계획이므로 그분은 우리가 이 목표에 이르도록 도와주실 것입니다.

삶의 모든 영역에서 복종하는 것

삶의 온갖 영역에서 하나님께 굴복하는 이 일에 싸움이 따를 것은 너무도 자명합니다. 사실, 이 싸움은 하루도 그칠 날이 없는 싸움입니다. 내가 해 온 상담은 이러한 굴복과 관련되어 있는 경우가 많았습니다. 오직 하나님께 굴복하기만 하면 문제는 해결될 텐데, 하나님께 굴복하기를 원치 않기 때문에 문제는 계속 해결되지 않는 것입니다.

오스왈드 샌더스는 다음과 같이 말했습니다.

> 예수 그리스도는 모든 것의 주님이 되셔야만 하기 때문에, 그분의 주재권을 인정하는 일에는 뚜렷하고 명확한 의지의 활동이 따릅니다. 신부(신랑)는 결혼식에서 "예"라고 서약함으로써 사랑으로 남편(아내)을 자기 인생의 가장 중요한 위치에 모시게 됩니다. 결혼 생활을 하면서 부부는 자신이 결혼식에서 했던 한 번의 의지의 서약 속에 함축된 모든 의미를 실생활에서 하나하나 실천합니다. 이와 마찬가지로 그리스도를 우리의 왕으로 모시는 일도 의지의 행위라고 할 수 있습니다. 왜냐하면 그리스도를 왕좌에 모시는 이 결단은 자동적으로 자신을 왕좌에서 물러나게 하기 때문입니다.

주재권의 전체적인 원리는 자신의 삶의 왕좌에서 자신은 내려오고, 대신 그 자리에 예수 그리스도를 모시는 것입니다.

원판 예화(그림 1)는 그리스도의 주재권 문제를 잘 설명해 줍니다. "원판"의 각 조각은 이 조각의 지배권을 놓고 자아와

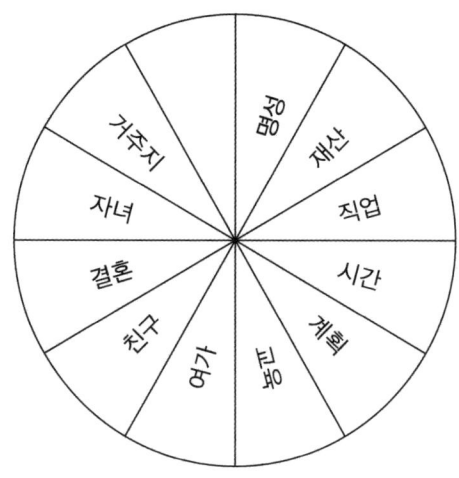

그림1 원판 예화

예수 그리스도 사이에 종종 싸움이 벌어지는 주요 생활 영역을 나타냅니다. 각 영역에 대해 다음과 같이 질문해 보십시오. 예수 그리스도는 이 영역에서 나의 주님이신가? 나의 소유물은 나와 주님 중 누구에게 속해 있는가? 사실, 주님께서는 그 소유물을 당신에게 맡겨 그것을 유지하며 관리하도록 하신 것입니다. 장래 계획에 대해서는 어떻습니까? 당신은 무엇을 해야 할지 하나님의 뜻을 찾고 있습니까? 아니면, 자신이 이미 계획한 바에 대해 단지 결재 도장만을 찍어 주시도록 하나님께 요구하고 있습니까?

이 그림에 빈칸이 있음을 주목하십시오. 이 칸은 여기에 기록되지 않은 영역으로서 자신에게 주재권 문제로 싸움이 일어나는 생활 영역이 있으면 적어 넣도록 하기 위한 것입니다.

1954년 나는 중대한 문제와 씨름하고 있었는데, 이는 주님께서 내가 여전히 지배권을 유지하고 있던 삶의 한 영역을 지적하여 주셨기 때문입니다. 나는 배우자 선택에 관한 한 그리스도의 주재권에 복종하고 싶지 않았습니다. 마음속에서는 계속 큰 갈등이 있었는데, 이는 배우자 선택에서만큼은 내가 주도적 역할을 해야 한다고 생각했기 때문이었습니다. 그러나 하나님께서는 "아니다. 넌 그것을 온전히 내게 맡겨라"라고 말씀하셨고, 싸움은 치열하게 전개되었습니다.

많은 기도와 상담을 거쳐 마침내 나는 그 문제를 전적으로 주님께 맡겼습니다. "주님, 저는 주님의 것입니다. 제가 가진 모든 것이 주님께로부터 온 것임을 압니다. 저의 인생이 주님의 것이기에, 따라서 결혼도 주님께서 주관하여 주십시오." 그 후 모든 것이 변했습니다. 내가 과거에 전도했던 사람들이 그리스도께로 돌아오기 시작했습니다. 나는 영적으로 더욱 성장하기 시작했고, 하나님께서는 새로운 기회의 문을 열어 주셨습니다. 이 모든 일은 내가 주재권 문제를 해결하고 예수 그리스도를 내 삶의 모든 영역에서 주님으로 모신 후에 일어났습니다. 그 후 6년 동안 나는 하나님께서 적당한 때에 내게 알맞은 배우자를 주실 것을 마음속으로 확신하면서 선교 사역에 전심전력하였습니다. 그리고 하나님께서는 내게 꼭 맞는 돕는 배필을 주셨습니다. 하나님께 결정권을 넘겨드리면 그분은 언제나 가장 좋은 것으로 채워 주십니다.

복종을 위한 영적 전쟁

그리스도의 주재권에 굴복하기로 결심하는 순간 우리는 하나의 전투 즉 영적 싸움에 돌입하게 됩니다. 우리는 끊임없이 사탄과 자신의 의지의 공격을 받습니다. 그래서 많은 그리스도인들은 이 싸움에 나가기를 꺼려합니다.

사람들이 예수 그리스도를 주님으로 인정하지 않으려는 이유로는 여러 가지가 있는데, 여기서는 그중 네 가지만 언급하고자 합니다.

하나님께서는 내가 원치 않는 일을 하라고 하실지도 모른다. 이것은 많은 이들에게 주재권 결정의 실제적인 장벽이 되고 있습니다. 하나님께서는 나더러 친구로 사귀고 싶지 않은 어떤 사람과 함께 시간을 보내라고 하실지도 모릅니다. 또는 다른 곳으로 이사하라고 하시거나, 외국에서 살도록 요구하실지도 모릅니다. 이럴 때 우리는 "네, 주님. 기꺼이 그곳으로 가겠습니다. 하지만 주님께서 제가 그곳에서 살아갈 수 있도록 은혜를 공급해 주시기 바랍니다"라고 기도해야 합니다.

우리는 자신에게 가장 좋은 것이 무엇인지 알고 있다고 생각한다. 우리는 하나님의 관점보다는 자신의 관점에서 인생을 바라봅니다. 웬일인지 우리는 하나님께서 항상 우리에게 가장 좋은 것을 주기 원하신다는 사실을 인정하지 않으려고 합니다. 그러나 처음부터 이미 그 결과를 알고 계시는 하나님은 우리에게 가장 좋은 것이 무엇인지를 우리보다 훨씬 더 잘 알고 계십니다.

우리는 하나님께서 진정으로 우리에게 최상의 유익을 주고자 하신다는 사실을 믿지 않는다. 이것은 앞 내용과 유사하지만, 여기서는 하나님을 믿고 의뢰하지 않는 문제를 얘기하고 있습니다. 우리는 예레미야에 기록된 말씀처럼 하나님께서는 진정으로 우리에게 가장 좋은 것을 구하고 계신다는 사실을 기억해야 합니다. "나 여호와가 말하노라. 너희를 향한 나의 생각은 내가 아나니, 재앙이 아니라 곧 평안이요, 너희 장래에 소망을 주려 하는 생각이라"(예레미야 29:11).

자신의 삶을 돌이켜 보면, 바꾸어졌으면 하는 것이 더러 있을 줄 압니다. 그러나 분명히 하나님의 뜻대로 행하였다고 믿는 것 중에 바꾸고 싶은 게 있습니까? 아마 그렇지 않을 것입니다. 우리는 자신을 위해 가장 좋은 것을 행하고 있다는 것을 알고 있었기 때문입니다.

우리는 하나님께 드린 것을 다시는 되돌려 받지 못할까 두려워한다. 이 문제는 굴복, 즉 하나님께 실제로 내맡기는 것이 필요합니다. 이는 우리의 믿음에 대한 참된 척도가 되는데, 자신이 아끼는 것을 하나님께 완전히 내맡긴다는 것은 믿음이 필요하기 때문입니다. 그것은 가족 관계나 이성 관계일 수도 있고, 자신의 소유물이나 어떤 활동 또는 계획일 수도 있습니다.

내가 찰스턴에서 선교할 당시 이러한 문제로 영적인 갈등을 치른 해군 병사가 있었습니다. 그는 전역을 앞두고 어떤 회사에 들어가야 할지 기도하고 계획을 세워 추진하였습니다. 많은 회사에 입사 지원서를 냈지만 번번이 거절당했습니다. 취업 문제는 그에게는 너무도 절실한 문제였습니다. 자신과 가족들의 생계가 달려 있었기 때문입니다. 그러던 중 한 회사로부터 합격 통지를 받았습니다. 무척 기뻤습니다. 그 회사는 누구나 들어가기를 선망하는 직장이었습니다. 마지막으로 결정을 하기 전에 그 회사에 들어가는 것이 최선인지 알기 위해 먼저 몇 사람에게 조언을 듣기로 했습니다. 우리는 그 문제를 함께 이야기하면서, 그 직장을 온전히 하나님께 맡기고 입사를 연기하도록 권면했습니다. 그래서 그는 이 문제를 주님께 맡겼습니다. 그럼에도 불구하고 그 후 수개월 동안 그는 계속 미련이 남았습니다. '어떻게 구한 직장인데 이래도 되나?' 하는 생각이 들어 무척 고민이 되었고, 몇 번이고 다시 주님께 내맡겨야 했습니다. 그러면서 그리스도 안에서 배우는 일에 전심전력하여 영적으로 크게 성장하였습니다. 시간이 지나 마침내 하나님께서 그 직장을 그에게 주실 때가 왔고, 이 경험을 통해 그는 믿음과 헌신에 대해 새롭게 이해하게 되었습니다.

그러나 때로 하나님께서는 우리가 그분께 맡겨 드린 것을 되돌려 주시지 않을 때도 있습니다. 이런 경우에는, 그것이 우리에게 나쁘거나 우리의 영적인 삶과 선교 사역에 해를 끼칠 우려가 있기 때문임을 알 수 있습니다. 하나님께서는 주님의 소유 된 자녀들을 은혜 가운데 돌보시고 계십니다.

우리가 삶에서 주님을 신뢰하기를 두려워한다면, 두려움과 신뢰는 상호 배타적이라는 사실을 깨달아야 합니다. 믿는 자는 두려워하지 않으며, 두려워하는 자는 온전히 믿지 못합니다. 우리가 예수 그리스도를 구주로서 믿을 때, 우리는 자신의 영원한 미래를 그분께 완전히 내맡깁니다. 주님께서 나에게 가장 좋은 것이 무엇인지 아신다고 믿기 때문입니다.

그러나 우리의 매일의 삶은 어떻습니까? 하나님께서 그날그날 나를 위해 가장 좋은 것이 무엇인지 알고 계심을 믿습니까? 우리를 구원해 주신 하나님은 우리에게 가장 좋은 것이 무엇인지 생각하고 계십니다. 구원과 같이 영원한 것에서도 그럴진대 매일의 삶에 대해서도 마찬가지가 아니겠습니까? 많은 그리스도인들이 하나님의 은혜를 인하여 믿음으로 말미암아 하나님께서 주신 구원을 받아들이지만, 매일의 삶에서는 자신이 계속 운전석에 앉아 있으려고 고집합니다. 이 얼마나 모순입니까? 풍성한 그리스도인의 삶은 예수 그리스도께서 날마다 우리의 주님이 되시는지의 여부에 달려 있습니다.

순종의 단계

순종은 예수 그리스도의 주재권을 인정하는 결정과 밀접한 관련이 있습니다. 순종과 굴복은 떼어 놓을 수가 없습니다. 봅 보드만(일본 네비게이토 선교회 책임자 역임)은 순종의 5단계를 말한 적이 있습니다. 여기에 비추어 자신의 삶을 평가해 보십시오.

1. "나는 하나님께서 무엇을 원하시든 관계없이 내가 원하는 것을 하겠다." 많은 그리스도인들이 이러한 태도가 옳지 않다는 사실을 알면서도 여전히 이렇게 살고 있습니다. 근본적으로 그들은 예수 그리스도께서 그들의 삶을 지배하시는 것을 원하지 않습니다.

2. "하나님께서 내가 원하는 것을 먼저 내게 주시면, 나도 그와 동등한 것을 하나님께 드리겠다." 이것은 하나님과 흥정을 하는 것과 다를 바가 없습니다. 다시 말하면, 내가 생각하기에 동등하다고 여겨지는 것을 주님께 드리겠다고 하는 것입니다. 예를 들면, 하나님께서 내가 원하는 직업을 주시면 나도 하나님께 그에 상당한 나의 시간을 드리겠다고 하는 것과 같습니다.

3. "하나님께서 내가 원하는 것을 먼저 내게 주시면, 나도 그분이 원하시는 것을 드리겠다." 이것 역시 하나님과 흥정하는 것으로서, 둘째 단계와 비슷하나 하나님께서 원하시는 것을 드

린다는 자원함이 포함되어 있는 면이 다릅니다.

　4. "나는 하나님께서 원하시는 것을 먼저 하나님께 드리겠다. 그러면 하나님께서도 내가 원하는 것을 내게 주시리라 믿는다." 이것도 결국은 "나에게 먼저"를 "하나님께 먼저"로 바꾼 것에 불과합니다. 이것 역시 흥정의 한 형태입니다. 내가 하나님을 위해 어떤 일을 했기 때문에 그분도 나를 위해 어떤 것을 해주실 것으로 기대하는 것입니다.

　5. "내가 원하는 것을 하나님께서 주시든 말든 상관없이, 나는 하나님께서 원하시는 것은 무엇이든지 하나님께 드리겠다." 이 것이 바로 실질적으로 그분의 주재권을 인정하는 것입니다. 이는 순종에서 가장 바람직하고 결정적인 단계입니다.

＊　＊　＊

　삶의 모든 영역에서 그리스도의 주재권을 인정하는 것은 주 예수 그리스도의 제자가 되는 데 첫째 요건인 동시에 가장 중요한 요건입니다. 앞으로 다룰 아홉 가지 요건은 바로 이 위에 세워집니다. 그러므로 여러분은 자신이 예수 그리스도의 주재권에 전적으로 굴복하고 있는지 자신의 삶을 평가하고 확증하기 바랍니다. 예수 그리스도께서 진정한 주님이 되실 때에만 여러분은 비로소 풍성한 그리스도인 삶을 체험할 수 있습니다. 그것이 바로 하나님께서 우리가 그를 위해 살도록 예비하신 길입니다.

제 4 장
순결한 삶

제자는 순결한 삶을 살기 위하여 전심전력하며,
점점 더 죄에서 떠나는 삶을 산다.

이 세상에서 신자와 불신자 간에 가장 큰 대조를 이루는 것은 그 생활 방식입니다. 그리스도인이 만일 참제자로서 예수 그리스도와 동행하고 있다면, 그가 순결한 삶을 살고 있는 것을 모든 사람이 보게 될 것입니다. 예수님을 당신 삶의 주님과 주인으로 인정한다면 당신은 순결한 삶을 살 것입니다. 예수님이 나의 주님이라고 말하면서 결단코 계속 죄 가운데 살 수는 없습니다. 제자는 경건하게 행동하며 살아가는 법을 알아야 합니다. 그렇게 사는 책임은 분명히 제자에게 있지만, 하나님께서는 도와주실 것을 약속해 주셨습니다.

내가 처음 코럴리지 장로교회에 갔을 때였습니다. '전도 폭발' 훈련 프로그램에 등록한 후 어느 날 저녁 나는 훈련 담당자인 빌 스웨츠와 함께 브로워드 제너럴 병원으로 한 부인을 문병하러 갔습니다. 이 부인은 우리 교회의 교우였는데, 빌은 내게 이 부인과의 대화 내용에 관심을 나타냈던 그 옆 침대의 환자를 만나 보기를 원했습니다.

병실에 도착하여 빌이 그 부인과 대화를 시작했을 때 나는 옆 침대의 환자 분에게 나를 소개한 다음 잠시 대화를 나누다가 물었습니다. "어떻게 해서 여기에 오시게 되었습니까?"

그러자 이 환자는 눈 하나 깜짝하지 않고 이렇게 대답하는 것이었습니다. "며칠 전에 수면제 한 통을 통째로 다 삼켰어요. 인생을 끝내려고요."

나는 곧 그에게 복음을 전하고 나서 예수 그리스도를 자신의 구주로 영접하기를 원하는지 물어보았습니다. 그는 진정으로 영접하기를 원했으며 우리는 함께 기도하기로 했습니다.

그는 예수님을 영접하는 기도를 한 다음 – 이는 예수님을 주님으로 모시는 분명한 결단이었습니다 – 이렇게 말했습니다. "이젠 저의 생활 방식을 바꾸어야 할 것 같아요."

그는 핵심을 찔렀습니다! 주님의 제자의 삶은 주위에 있는 세상 사람들의 생활 방식과는 달라야 합니다. 그리스도인이 되기 전과는 철저히 달라져야 하는 것입니다.

회 개

회개란 돌아서는 것, 방향 전환을 하는 것, 가던 길과 반대 방향으로 가는 것 등을 의미합니다. 회개는 종종 어떤 사람의 삶 속에 철저한 변화를 가져옵니다. 성경에서는 이렇게 말씀합니다. "…전에 너희가 너희 지체를 부정과 불법에 드려 불법에 이른 것같이, 이제는 너희 지체를 의에게 종으로 드려 거룩함에 이르라"(로마서 6:19). 사실상 이렇게 말씀하고 있습니다. "전에는 여러분이 제대로 생각해 보지도 않은 채 앞뒤를 가리지 않고 죄를 향해 달려 나간 것처럼, 이제는 회개하고 그와 같이 전폭적으로 의와 거룩함을 향해 나아가십시오." 하나님께서는 그리스도인들이 바로 이런 식으로 살기를 원하십니다.

회개란 단순한 후회와는 다릅니다. 많은 사람들이 자기의 죄를 후회하지만, 자신의 죄를 회개하지는 않습니다. 상처 난 자아 때문에 하는 후회란 회개가 아니며, 죄가 발각됨으로 말미암은 후회도 회개가 아닙니다. 죄에 대한 재판으로 인한 후회도 회개가 아닙니다. 어떤 도둑이 붙잡힌 것을 후회는 할지 모르나 회개하지는 않을 수도 있으며, 그는 기회가 주어지면 다시 도둑질할 것입니다. 후회란 죄의 결과에 대한 양심의 가책일 수도 있습니다. 그러나 죄가 발각되지 않았더라면 양심의 가책도 없었을 것입니다.

회개하는 죄인은 자신이 거룩하신 하나님께 범죄한 것을 후회할 뿐만 아니라 그 죄로부터 돌아서기로 결심합니다. 오순절 날에 한 베드로의 설교는 이 권고를 포함하고 있습니다. "그러므로 너희가 회개하고 돌이켜 너희 죄 없이 함을 받으라. 이같이 하면 유쾌하게 되는 날이 주 앞으로부터 이를 것이요"(사도행전 3:19). 참된 회개에는 언제나 방향 전환이 따릅니다. 죄를 회개하고 하나님께로 돌아서는 것입니다.

회개하고 돌아선 사람은 거룩한 삶을 살도록 자신을 세상으로부터 분리시켜 하나님께로 나아갑니다. 우리는 주님이시요 구주이신 예수 그리스도를 잘 나타내지 못하도록 우리를 끌어

내리는 그런 온갖 영향으로부터 자신을 분리시켜야 합니다. 대신 의식적으로 거룩함을 추구해야 합니다. 다음 성경 말씀은 죄에 대한 회개 및 그 죄에서 떠남과 분리와 거룩의 관계를 잘 보여 주는 한 예입니다.

> 음행을 피하라. 사람이 범하는 죄마다 몸 밖에 있거니와 음행하는 자는 자기 몸에게 죄를 범하느니라. 너희 몸은 너희가 하나님께로부터 받은 바 너희 가운데 계신 성령의 전인 줄을 알지 못하느냐? 너희는 너희의 것이 아니라 값으로 산 것이 되었으니, 그런즉 너희 몸으로 하나님께 영광을 돌리라. (고린도전서 6:18-20)

성경은 또 이렇게 말씀합니다. "또 주께서 말씀하셨습니다. '그러므로 너희는 그들 가운데서 나와 따로 서 있으라. 깨끗하지 않은 것은 만지지 말라. 그리하면 내가 너희를 영접할 것이다'"(고린도후서 6:17, 새번역).

회개의 증거

그리스도인은 자기 삶 속에서 회개의 증거를 보여야 합니다. 그러면 우리 삶 속에서 변화를 일으키는 것이 누구의 책임인가 하는 문제가 제기됩니다. 물론 성령께서 하나님의 말씀을 사용하여 우리의 삶에 변화를 일으키지만, 우리는 성령께서 그렇게 하실 수 있도록 기꺼이 복종해야 합니다.

'전도 폭발' 훈련 프로그램의 실습 시간에 우리 조는 어느 젊은 부부를 방문하여 복음을 전했는데 그들은 모두 예수님을 영접하게 되었습니다. 그다음 주에 그들을 만났을 때, 나는 그들이 결혼도 하지 않은 채 동거하고 있다는 사실을 알았습니다. 더구나 그 부인은 지금 어떤 남자와 별거하고 있지만 아직 이혼한 것은 아니었으며, 그 남자와의 사이에 이미 아이도 하나 있었습니다. 나는 그 부부에게 그리스도인으로서 이젠 더 이상 그들의 관계를 유지할 수는 없으며 그 부인은 현재의 잘못된 상태를 청산해야 할 것이라고 말해 주었습니다. 그들은 아무 대답이 없었습니다.

열흘가량이 지난 어느 날 밤, 새벽 1시 30분경 그 부인으로부터 전화를 받았습니다. 나는 한창 졸리는 가운데서도 금방 그 부인의 목소리인 것을 알았는데, "당신 말이 옳아요. 그건 죄예요. 전 제 손목을 베었어요" 하는 말이 들리더니 전화는 끊어졌습니다. 나는 그 부인에게 갈 수가 없었으나, 누군가에 의해 그 부인의 생명은 건졌습니다. 이 부인은 자신의 부정한 관계가 나쁜 것임을 깨닫고도 그것을 고치기를 원치는 않았습니다. 회개의 증거가 전혀 없었던 것입니다. 이 부인은 자신의 문제 해결을 도와주시도록 하나님을 의뢰하기보다는 오히려 자살을 하려고 했습니다. 우리는 하나님의 도우심으로 기꺼이 바뀌어져야만 합니다.

해외여행 도중 미국 제7함대 함장의 경리 담당 부사관을 만난 적이 있습니다. 그는 항상 함장을 보좌하는 책임 있는 직책에 있었음에도 불구하고 근무 시간이 끝나면 경리 장부를 가지고 와서 온갖 부정을 저질렀습니다. 그 후 그는 그리스도를 만나 그분을 구주와 주님으로 영접했고 그의 생활은 완전히 변화되었습니다. 너무도 철저한 변화였으므로 이 이야기는 전 함대에 퍼져 누구나 그에게 일어난 일을 알고 싶어 했습니다. 하나님의 은혜로 말미암아 그는 기꺼이 변화되고자 했습니다.

그러면 회개의 네 가지 증거를 살펴보기로 하겠습니다.

태도의 변화

회개란 태도의 변화 즉 마음의 변화를 의미합니다. 삶의 온갖 중요한 문제를 다루는 일에서 방향 전환을 하는 것입니다. 하나님께 대한 태도의 변화가 있어야 합니다. 우리는 하나님을 이젠 어떤 최고 '힘'이 아닌 우리의 구주요 주님으로 알고 있습니다. 즉 하나님께서 실제로 우리 삶의 주님이 되셔야 함을 자각하고 있습니다.

또한 우리 삶 속의 죄에 대한 태도에서 변화가 있어야 합니다. 죄는 이젠 더 이상 즐길 수 있는 것이 아니라 거룩하신 하나님을 거스르는 것이기에, 의식적으로 자신을 죄로부터 분리시켜야만 합니다.

아울러 구원에 대한 태도에서도 변화가 있어야 합니다. 구원은 우리 자신의 노력에 의해서가 아니라 오직 하나님의 은혜를 인하여 믿음으로 말미암아 얻은 것임을 잘 알아야 합니다(에베소서 2:8-9 참조).

한편, 매일의 삶의 문제에 대한 태도의 변화도 있어야 합니다. 예를 들어, 학교에서의 시험 부정행위, TV 시청이나 인터넷 사용, 가까운 이들과의 관계(특히 가족과 친구들) 등. 이 모든 것은 하나님께서 우리가 순결하고 거룩한 삶을 살기를 원하신다는 것을 앎으로 말미암아 영향을 받아야 합니다. 물건을 사고 거스

름돈이 더 왔을 때 그리스도인은 어떻게 해야 합니까? 또 하나님께서 주신 돈을 어떻게 사용해야 합니까? 이런 여러 영역에서 성령의 음성에 민감해지는 것이 우리로 순결한 삶을 살도록 도와줄 것입니다.

추구하는 것의 변화

둘째로는 추구하는 것이 바뀌어야 합니다. 이제 더 이상 자기 자신을 위하여 세상의 방식이나 물질적인 것을 추구하지 말고, 하나님을 위하여 사는 삶에 점점 더 관심을 기울여야 합니다. 그리스도를 모르는 사람들에게 동기를 주는 것은 재산이나 명성 또는 권력을 획득하는 일입니다. 오늘날 수많은 사람들이, 부자이건 가난한 사람이건 똑같이 이 물질주의에 빠져 있습니다. 사람들은 남들이 자기를 어떻게 생각하느냐에 관심을 기울입니다. 많은 사람들이 쾌락과 자기 자신에만 오로지 관심을 기울이고 있는데, 이러한 이기적 야망은 예수 그리스도께 나아올 때 변화되어야 합니다.

구원받기 전에는 하나님의 방식에 흥미를 못 느끼고, 성경에도 관심이 없습니다. 교회에 가서 예배를 드리거나 그리스도인들과 사귀고 싶지도 않습니다. 그러나 이제는 모든 것이 변화되어야 하며, 우리의 새로운 욕구는 하나님과 하나님에 관한 모든 것을 지향해야 합니다. 성경은 "위엣 것을 생각하고 땅엣 것을 생각지 말라"(골로새서 3:2)라고 권면합니다. 참된 회개의 명확한 증거 중 하나는 추구하는 대상이 변화되는 것입니다.

죄를 미워함

그리스도인은 죄란 하나님 앞에서 범하는 것이라는 사실을 알고, 의식적이고 의도적으로 죄에서 떠나야 합니다. 성령이 내주하시기에 반드시 죄에 대해 아주 민감해져야 합니다. 성경은 죄에 대한 의인의 태도를 이렇게 묘사합니다. "여호와를 경외하는 것은 악을 미워하는 것이라. 나는 교만과 거만과 악한 행실과 패역한 입을 미워하느니라"(잠언 8:13). 생각, 행동, 말 등 모든 형태의 악을 버려야 합니다. 십계명을 포함한 성경의 절대적 도덕률의 지배하에 자신을 드려야 합니다. 회개의 증거란 이와 같이 죄에 대한 태도에서도 나타나게 됩니다.

옛 생활을 청산함

회개의 마지막 증거는 과거에 자주 우리를 곁길로 인도했던 옛 삶으로부터 자유로워지는 것입니다. 이것이 사람과 관계되어 있다면 여간 어려운 게 아닙니다. 그리스도인이 된 이후에도 '옛 무리'와 계속 사귀다 보면 그들은 우리를 자기들과 같은 상태로 끌어내릴지도 모릅니다. 그러므로 그들과의 관계를 청산해야 하는 경우도 있습니다.

우리가 그리스도를 아는 지식에서 자라 감에 따라 더욱 많은 그리스도인들을 친구로 사귀게 됩니다. 하나님께서는 우리가 불신자들과의 모든 관계를 다 단절하기를 원하시지는 않습니다. 그러나 하나님께서 분명히 원하시는 것은 그들이 하는 일 중에서 우리를 다시 죄에 빠지게 할 가능성이 있는 그런 일을 우리가 단호히 끊어 버리는 것입니다. 우리는 불신자들과 관계를 맺으면서 복음을 전해야 하지만 죄 된 활동에는 결코 참여해서는 안 됩니다.

　수년 전, 한 부인이 우리 교회의 '전도 폭발' 프로그램을 통하여 그리스도를 영접하였습니다. 내가 양육을 위해 그 부인에게 몇 가지 권면을 하던 중, 그 부인은 자신과 남편이 도덕적으로 무서운 죄에 빠져 있던 추악한 환경에 대해 내게 이야기해 주었습니다. 부인은 이제 그리스도인이 되었으므로 그런 생활을 완전히 청산하기를 원하였습니다. 그 부인은 옛 생활을 완전히 단절하고, 영혼 속에 있던 쓰라린 죄를 제거하느라 성경적인 방법으로 열심히 노력하여 오늘날 놀라운 간증을 지닌 빛나는 그리스도인이 되었습니다. 부인과 남편은 옛 생활을 청산하고 새로운 삶을 시작하였던 것입니다.

삶의 순결에 대한 하나님의 표준

　예수님께서는 산상수훈에서 우리가 마땅히 살아야 할 삶에 대해 말씀해 주셨습니다. "마음이 청결한 자는 복이 있나니 저희가 하나님을 볼 것임이요"(마태복음 5:8). 하나님을 볼 것이라는 약속은 마음이 청결한 자들에게 주신 것입니다. 삶의 순결은 마음에서부터 시작됩니다. 잠언에서 "무릇 지킬 만한 것보다 더욱 네 마음을 지키라. 생명의 근원이 이에서 남이니라"(잠언 4:23)라고 한 이유가 여기에 있습니다. 하나님께서 미워하시는 일곱 가지 중 하나가 "악한 계교를 꾀하는 마음"(잠언 6:18)입니다.

　성경은 이렇게 말씀합니다. "그것은 하나님께서 우리 마음보다 크시고 또 모든 것을 아시기 때문입니다"(요한일서 3:20, 새

번역). 하나님은 우리의 죄 된 경향을 알고 계시며, 우리가 죄를 끊임없이 감추려고 한다는 사실도 알고 계십니다. 그리고 우리를 무기력하게 만드는 죄 된 습관을 과감히 끊어 버리는 일에 우리가 자꾸만 실패한다는 사실도 알고 계십니다.

성령께서 우리 죄를 드러내지 않았다면 우리는 하나님께 죄를 범하지 않은 것을 확신할 수 있는데, 이것에 대해 성경은 다음과 같이 말합니다. "사랑하는 자들아, 만일 우리 마음이 우리를 책망할 것이 없으면 하나님 앞에서 담대함을 얻고"(요한일서 3:21). 하나님께서는 우리가 병적으로 끊임없이 자기 분석 가운데서 살아가는 것을 원치 않으신다고 나는 믿습니다. 우리가 죄를 범했을 때, 죄의 자백은 하나님과의 교제를 회복하게 합니다. 우리는 하나님께서 우리를 용서하셨다는 사실을 받아들일 뿐 아니라, 또한 자기 자신을 용서해야 합니다. 모든 순결은 마음에서부터 시작됩니다.

베드로전서에서도 순결에 대하여 이렇게 교훈합니다.

> 사랑하는 자들아, 나그네와 행인 같은 너희를 권하노니 영혼을 거스려 싸우는 육체의 정욕을 제어하라. 너희가 이방인 중에서 행실을 선하게 가져, 너희를 악행 한다고 비방하는 자들로 하여금 너희 선한 일을 보고 권고하시는 날에 하나님께 영광을 돌리게 하려 함이라. (베드로전서 2:11-12)

삶 속의 모든 순결치 못한 것은 "육체의 정욕"이라는 표현 속에 포함할 수 있습니다. 만약 우리가 정욕적인 생각이나 탐욕으로 인한 문제를 안고 있다면, 의식적이고 의도적으로 그런 것을 절제할 수 있다고 말씀합니다. 우리는 그러한 생각을 마음으로부터 몰아낼 수 있습니다. 물론 하나님의 말씀을 통해서 그렇게 할 수 있습니다.

구약성경에서 시편 기자는 이렇게 물었습니다. "여호와의 산에 오를 자 누구며, 그 거룩한 곳에 설 자가 누군고?"(시편 24:3). 이어 그 질문에 이렇게 대답하였습니다. "곧, 손이 깨끗하며 마음이 청결하며 뜻을 허탄한 데 두지 아니하며 거짓 맹세치 아니하는 자로다"(4절). 우리가 죄를 하나님께 자백하여 용서를 받으면 우리 마음이 청결해져서 하나님 앞에 설 수 있게 됩니다. 또한, 하나님께서는 신실하시며 우리에게 승리의 길을 마련하여 주셨기 때문에, 우리는 생각과 행동을 정결하게 유지하면서 살아갈 수 있습니다.

순결을 위한 싸움

죄 많고 타락한 세상 속에서 순결하고 거룩한 삶을 살기란 쉬운 일이 아닙니다. 내가 네비게이토 선교회 본부인 글렌에리에서 훈련을 받고 있던 시절, 그 당시 네비게이토 선교회 부회장이었던 로버트 포스터는 가끔 훈련생들을 모아 놓고 순결한 삶에 대해 이야기해 주었습니다. 한번은 이런 말을 했습니다. "여러분의 핏줄을 통해 붉은 피가 흐르고 있는 한 여러분은 타락할 가능성이 있습니다. 우리는 누구나 순결을 위한 싸움에서 똑같은 처지에 있습니다."

우리는 타락할 가능성이 있지만 타락하지 않을 가능성도 있습니다. 다음과 같은 놀라운 성경 말씀이 있습니다. "사람이 감당할 시험밖에는 너희에게 당한 것이 없나니, 오직 하나님은 미쁘사 너희가 감당치 못할 시험 당함을 허락지 아니하시고, 시험당할 즈음에 또한 피할 길을 내사 너희로 능히 감당하게 하시느니라"(고린도전서 10:13).

우리는 모두 비슷한 유혹을 경험합니다. 그러나 하나님께서는 신실하셔서 그 유혹에 대해 "안 돼"라고 말할 수 있는 힘을 주시거나, 우리가 순결한 삶을 살기 위한 행동을 취할 수 있도록 힘을 주십니다. 성경은 우리에게 다음과 같이 권면합니다.

> 모든 사람에게 구원을 주시는 하나님의 은혜가 나타나 우리를 양육하시되, 경건치 않은 것과 이 세상 정욕을 다 버리고 근신함과 의로움과 경건함으로 이 세상에 살고, 복스러운 소망과 우리의 크신 하나님 구주 예수 그리스도의 영광이 나타나심을 기다리게 하셨으니, 그가 우리를 대신하여 자신을 주심은 모든 불법에서 우리를 구속하시고 우리를 깨끗하게 하사 선한 일에 열심하는 친백성이 되게 하려 하심이니라. (디도서 2:11-14)

성령의 도우심

우리가 예수 그리스도를 구주와 주님으로 영접할 때 성령께서 우리 삶 속에 들어오셔서 우리 몸을 자신의 성전으로 삼으신다고 성경은 명확하게 말해 줍니다. 성령의 내주는 우리로 하여금 죄에 대해 민감해지도록 해 줍니다. 우리가 유혹을 받을 때마다 성령께서는 우리에게 그 유혹을 이길 힘을 주십니다. 우리로 죄를 짓지 않도록 힘을 주시는 하나님의 이 은혜를 믿고 의뢰한다면 우리는 승리하는 삶을 살 수 있습니다.

물론, 우리는 여전히 죄를 짓겠지만, 습관적으로 죄를 짓지는 않을 것입니다. 요한일서에서 이렇게 말씀합니다. "하나님께로서 난 자마다 죄를 짓지 아니하나니, 이는 하나님의 씨가 그의 속에 거함이요, 저도 범죄치 못하는 것은 하나님께로서 났음이라"(요한일서 3:9).

성경은 우리에게 이렇게 경고합니다. "하나님의 성령을 근심하게 하지 말라. 그 안에서 너희가 구속의 날까지 인치심을 받았느니라"(에베소서 4:30). 누가 성령을 근심하게 할 수 있습니까? 오직 그리스도인뿐입니다. 성령께서는 우리 안에 거하고 계시는데, 만일 우리가 죄를 범하면 그 죄와 더불어 살아야 하시기 때문에 우리는 성령을 슬프시게 하는 것입니다.

우리에게는 우리로 경건한 삶을 살 수 있도록 해 주는 성령의 능력이 있습니다. 그러나 하나님께서는 강제로 우리에게 경건한 삶을 살도록 하시지는 않습니다. 경건과 의를 원하여 그렇게 살려고 힘쓰는 것은 우리의 책임입니다.

우리가 하나님의 말씀을 공부하더라도 하나님의 말씀이 가르치고 있는 내용을 행동으로 옮기지 않는다면 순결한 삶은 살 수가 없습니다. 우리가 열심히 노력할 때 성령께서는 순결한 삶을 살 수 있도록 우리 안에서 역사하십니다. 이 일은 우리가 혼자서 하는 것이 아니라 하나님의 전능하신 능력 안에서 합니다.

성경 주석가인 케네스 웨스트는 이렇게 말했습니다.

성도의 책임은 그리스도와 같은 삶을 살기를 열망하며, 그러한 삶을 살 수 있는 힘을 주시도록 성령을 의지하며,

믿음으로 발걸음을 내딛고 그러한 삶을 사는 것입니다. 성도가 이 책임을 다할 때 모든 무한한 은혜의 자원이 그를 도와줄 것이며, 성령께서 그를 위하여 역사하실 것입니다.

우리가 성령께서 우리 삶을 지배하시도록 허락할 때까지는, 순결을 위한 이 싸움에서 결코 승리하지 못할 것입니다.

육체와 성령의 싸움

우리 그리스도인들은 자신이 죄악 된 옛 성품인 육체와 성령 간의 끊임없는 싸움 속에서 살고 있다는 것을 알게 됩니다. 갈라디아서에서는 이렇게 말씀합니다.

> 육체의 소욕은 성령을 거스리고 성령의 소욕은 육체를 거스리나니, 이 둘이 서로 대적함으로 너희의 원하는 것을 하지 못하게 하려 함이니라. 너희가 만일 성령의 인도하시는 바가 되면 율법 아래 있지 아니하리라. (갈라디아서 5:17-18)

순결을 위한 이 싸움에서, 우리 육체 안에는 선한 것이 전혀 거하지 않는다는 사실을 기억해야 합니다. 우리가 아담으로부터 물려받은 바 우리의 옛 성품은 한 가지 성향만을 가지고 있는데, 그것은 하나님의 법에 반대되는 것을 행하는 것입니다. 본질적으로 우리는 모두 죄를 범하기 쉬우며, 우리의 마음과 행동은 끊임없이 옛 성품 쪽으로 이끌립니다.

각 사람 속에서 벌어지고 있는 이 싸움에 화해나 휴전이란 있을 수 없습니다. 우리가 하나님께 굴복하는 것이 승리의 열쇠입니다. 성경은 이렇게 말씀합니다. "또한 너희 지체를 불의의 병기로 죄에게 드리지 말고, 오직 너희 자신을 죽은 자 가운데서 다시 산 자같이 하나님께 드리며, 너희 지체를 의의 병기로 하나님께 드리라"(로마서 6:13). 선택권은 우리에게 있습니다. 승리는 우리가 어느 쪽에 자신을 드리느냐에 달려 있습니다. 우리 자신을 옛 성품에게 드리면 죄를 짓게 되고, 성령께 드리면 승리를 얻을 것입니다.

그러므로 결정에 직면해 있을 때나 상담이 필요할 때, 또는 유혹의 갈림길에 서 있을 때나 자기 방식대로 일을 처리하고 싶을 때, 우리는 이를 위하여 기도해야 하며, 승리로 이끄는 결정을 내릴 수 있게 도와주시도록 우리 안에 계신 성령께 의뢰하여야 합니다.

바울의 예

사도 바울은 로마서에서 자기 삶 속에서 진행 중인 싸움에 대해 이야기합니다(로마서 7:13-23 참조). 이 대목은 의미심장한 내용이라 할 수 있습니다. 그가 원하는 것은 선을 행하는 것이었지만, 그는 악을 행하였습니다. 그리스도인들은 누구나 때때로 이와 같은 것을 경험합니다. 하나님 보시기에 올바른 것을 행하기 원하지만, 실패로 끝나고 마는 것입니다.

우리는 마음은 원이로되 육신이 약한 것을 발견합니다. 바울은 자기 육체 속에 선한 것이 거하지 않는다는 것과 자기 속에는 하나님의 법을 어기고 죄를 지으려는 성향이 있다는 것을 알았습니다. 그래서 다음과 같이 결론을 내렸습니다. "오호라, 나는 곤고한 사람이로다! 이 사망의 몸에서 누가 나를 건져 내랴?

우리 주 예수 그리스도로 말미암아 하나님께 감사하리로다!"(로마서 7:24-25). 이 말은 그를 – 또한 우리를 – 구원하실 분은 오직 하나님뿐이라는 사실을 함축하고 있습니다.

그러면 하나님께서는 이러한 궁지에 빠져 있는 우리를 어떻게 구하여 주십니까? 하나님의 대답은 무엇입니까? 바울은 이렇게 말을 이었습니다. "그러므로 이제 그리스도 예수 안에 있는 자에게는 결코 정죄함이 없나니 이는 그리스도 예수 안에 있는 생명의 성령의 법이 죄와 사망의 법에서 너를 해방하였음이라"(로마서 8:1-2).

몇 년 전 나는 비행기 조종법을 배우다가 이 구절의 의미를 깨달았습니다. 비행기가 날아갈 때 두 가지 법칙이 작용하는데, 하나는 비행기를 아래로 끌어당기는 중력의 법칙이고, 다른 하나는 비행기를 위로 뜨게 하는 기체 역학의 법칙입니다.

비행기의 추진 운동량이 증가하면 기체 역학의 법칙이 비행기를 중력의 법칙으로부터 자유롭게 하여 비행기는 이륙하게 됩니다. 추진력이 있는 한 비행기는 기체 역학의 법칙 때문에 떠서 날아갈 것입니다.

그러나 비행기가 공중에 있는 동안 추진력에 이상이 생기면 비행기는 점차 속력이 떨어지게 되고 마침내 추락하고 맙니다. 그 이유는 비행기를 지배하는 법칙이 기체 역학의 법칙에서 중력의 법칙으로 바뀌었기 때문입니다.

이것은 바울이 말하고 있는 두 가지 법 즉 생명의 성령의 법과 죄와 사망의 법을 잘 설명해 줍니다. 성령께서 우리의 삶을 주관하시고 인도하시며 지도하시도록 허락하는 한, 우리는 생명의 성령의 법 아래서 살게 됩니다. 성령의 능력을 의지하면 영적 승리를 얻을 수 있습니다. 그러나 우리가 능력의 원천을 방해하면 죄와 사망의 법 아래로 떨어지게 됩니다.

이 죄 많은 세상에는 우리에게 문제를 일으키는 것이 아주 많습니다. 우리는 끊임없이 죄의 유혹을 받으며 살기에, 성령께서 우리에게 힘을 주시도록 하지 않는 한, 이런 유혹을 이길 수가 없습니다. 바울은 이렇게 선언하였습니다. "너희가 육신대로 살면 반드시 죽을 것이로되 영으로써 몸의 행실을 죽이면 살리니, 무릇 하나님의 영으로 인도함을 받는 그들은 곧 하나님의 아들이라"(로마서 8:13-14).

순결한 삶의 영역

수많은 성경 말씀을 통해 하나님께서는 자신의 백성에게 기대하시는 순결의 수준을 제시해 주셨습니다.

영

고린도후서에서는 이렇게 기록하였습니다. "그런즉 사랑하는 자들아, 이 약속을 가진 우리가 하나님을 두려워하는 가운데서 거룩함을 온전히 이루어 육과 영의 온갖 더러운 것에서 자신을 깨끗케 하자"(고린도후서 7:1). 우리의 영 속에는 온갖 더러운 것이 있음을 깨달아야 합니다. 이 사실을 깨달았으면 온갖 더러운 것에서 자신을 깨끗하게 하기를 힘써야 합니다.

매슈 헨리는 이 구절을 다음과 같이 설명하였습니다. "몸으로 범하는 육체의 죄가 있고, 영으로 범하는 영의 죄가 있다. 그러므로 우리는 육과 영의 더러움으로부터 자신을 깨끗하게 해야 한다. 하나님께서는 몸과 영 모두를 통해 영광을 받으셔야 하기 때문이다." 예수님께서 분명히 말씀하셨듯이 대부분의 순결치 못한 것은 우리 속에서 나옵니다(마가복음 7:20-23 참조). 그러므로 하나님께서는 우리 자신이 영의 순결을 유지하기 위해 영적으로 민감하며 말씀의 약속을 의지하라고 하십니다. 하나님을 경외하는 이와 같은 태도는 우리로 거룩한 삶을 살 수 있도록 해 줄 것입니다.

몸

우리 마음이 성령의 지배 아래 있으면 몸의 순결을 유지하기가 쉬워집니다. 그럼에도 불구하고, 우리는 여전히 몸의 순결을 지키기 위해 열심히 노력해야 합니다. 특히 감각 지향적인 우리 문화 속에서는 유혹이 반드시 오기 때문입니다. 성경은 이에 대해 이렇게 말씀합니다. "하나님의 뜻은 이것이니 너희의 거룩함이라. 곧 음란을 버리고, 각각 거룩함과 존귀함으로 자기의 아내 취할 줄을 알고, 하나님을 모르는 이방인과 같이 색욕을 좇지 말고"(데살로니가전서 4:3-5).

하나님께서는 자기 백성이 생활 속에서 몸을 순결하고 깨끗하게 유지하기를 원하십니다. 죄가 오늘날 세상을 얼마나 더럽히고 있으며, 또한 그 죄의 결과가 수많은 사람의 얼굴과 몸에 어떻게 나타나고 있는지를 주의해 보십시오. 우범 지역에서, 신문 기사와 사진에서, 또는 영화나 TV, 인터넷에서, 그리고 우리 눈으로 직접 그러한 모습을 볼 수 있습니다. 음란의 죄는 인간의 몸에 크나큰 희생을 강요합니다.

생 각

그리스도인이 행할 수 있는 가장 나쁜 일 중 하나는 순결치 못한 것을 생각하면서 공상에 잠기는 것입니다. 욥은 우리가 마땅히 해야 할 바를 본으로 잘 보여 줍니다. "내가 내 눈과 언약을 세웠나니 어찌 처녀에게 주목하랴?"(욥기 31:1). 음란의 유혹 속에 살고 있는 고린도의 성도들에게 바울은 다음과 같이 편지했습니다.

> 우리의 싸우는 병기는 육체에 속한 것이 아니요 오직 하나님 앞에서 견고한 진을 파하는 강력이라. 모든 이론을 파하며 하나님 아는 것을 대적하여 높아진 것을 다 파하고, 모든 생각을 사로잡아 그리스도에게 복종케 하니.(고린도후서 10:4-5)

생각과 행동의 관계를 다음 글에서 잘 표현하였습니다.

> 생각을 심으면 말을 거두고,
> 말을 심으면 행동을 거두고,
> 행동을 심으면 습관을 거두고,
> 습관을 심으면 일생을 거둔다.

모든 것은 생각에서부터 시작됩니다. 그러므로 우리는 죄 아래 있는 우리 생각을 성령의 지배 아래로 가져가야만 합니다. 당신은 어떤 생각을 하고 있습니까?

말

우리는 언어생활에서도 순결을 추구해야 합니다. 의문의 여지가 있는 농담이나 이야기는 그리스도인의 대화가 되어서는 안 됩니다. 성경은 이렇게 경계합니다. "무릇 더러운 말은 너희 입 밖에도 내지 말고, 오직 덕을 세우는 데 소용되는 대로 선한 말을 하여 듣는 자들에게 은혜를 끼치게 하라"(에베소서 4:29). "누추함과 어리석은 말이나 희롱의 말이 마땅치 아니하니 돌이켜 감사하는 말을 하라"(에베소서 5:4).

우리는 먼저 생각을 한 후에 말을 해야 합니다. 그렇게 하면 아마 우리가 보통 말하는 것 중 많은 것이 우리 입술을 통과하지 못할 것입니다. 이는 그런 말이 사려 깊지 못하고 진실하지도 않으며 순결하지 못한 것임을 깨닫게 되기 때문입니다.

다른 사람과의 관계

다른 사람을 대하는 지침이 예수님의 산상수훈에 아름답게 표현되어 있습니다. "그러므로 무엇이든지 남에게 대접을 받고자 하는 대로 너희도 남을 대접하라. 이것이 율법이요 선지자니라"(마태복음 7:12). 우리가 사람들에게 친절하고 정직하며 사려 깊게 대하면 그들과 좋은 관계를 맺을 수 있을 것입니다.

에베소서에서는 우리에게 다음과 같이 권면합니다.

> 그런즉 거짓을 버리고, 각각 그 이웃으로 더불어 참된 것을 말하라. 이는 우리가 서로 지체가 됨이니라. 분을 내어도 죄를 짓지 말며, 해가 지도록 분을 품지 말고, 마귀로 틈을 타지 못하게 하라. 도적질하는 자는 다시 도적질하지 말고, 돌이켜 빈궁한 자에게

구제할 것이 있기 위하여 제 손으로 수고하여 선한 일을 하라. 너희는 모든 악독과 노함과 분 냄과 떠드는 것과 훼방하는 것을 모든 악의와 함께 버리고, 서로 인자하게 하며 불쌍히 여기며 서로 용서하기를 하나님이 그리스도 안에서 너희를 용서하심과 같이 하라. (에베소서 4:25-28, 31-32).

사 업

여기에는 정직이 포함됩니다. 물질주의적인 우리 사회에서는 사업하는 사람들이 종종 부정직한 방법으로 일을 처리합니다. 그리스도인들도 정신을 차리지 않고 방심하면 세상 사람들과 똑같이 정직하지 못한 방법으로 사업을 경영하는 함정에 빠지기 쉽습니다. 종종 사업 세계는, 교회 내에서는 좋은 간증을 가지고 있는 사람이 정직하고 순결하게 사업을 운영하는 데 실패함으로써 그 간증을 잃어버리는 곳이 되기도 합니다.

성경은 우리에게 사람들과 사업 및 정부에 대하여, 근면하고 정직한 자세를 취하도록 권면합니다.

개인적인 관계

순결은 결혼 생활에서 비할 데 없이 중요한 요소입니다. 결혼한 사람은 누구나 끊임없이 다음과 같이 스스로 물어 보아야 합니다. "나는 결혼 서약에 충실한가?"

많은 사람들이 부정과 부정직이 오늘날 미국의 걷잡을 수 없는 이혼율 급증의 원인이라고 믿고 있습니다. 이 숫자는 계속 증가 추세에 있는데, 비극적인 사실은 그리스도인들이 이 통계 숫자의 일부를 차지해 가고 있다는 점입니다. 종종 이 사실은 그들이 배우자에게 충실하겠다고 하나님께 진지한 서약을 하지 않았다는 데서 시작됩니다.

친구 관계도 역시 순결에 기초를 두어야 합니다. 우리는 서로에게 필요한 존재입니다. 이는 성경이 말하듯이 "철이 철을 날카롭게 하는 것같이 사람이 그 친구의 얼굴을 빛나게" 하기 때문입니다(잠언 27:17). 또 이렇게 말했습니다. "많은 친구를 얻는 자는 해를 당하게 되거니와, 어떤 친구는 형제보다 친밀하니라"(잠언 18:24). 정직하고 관심을 쏟아 주는 친구 한 명이 그저 아는 사람 열 명보다 더 귀중합니다. 진정한 우정이란 우리가 다른 사람들과 생명을 나눈 결과입니다.

친구로서 우리는 용납과 책망을 해야 할 책임이 있습니다. 이를 통해 우리는 유혹을 이기고 계속 순결을 유지할 수 있도록 서로를 도와줄 수 있는 것입니다.

* * *

순결을 위한 싸움은 선택의 문제요, 하나님께 대한 순종의 문제이며, 하나님의 방식대로 살기 위해 자신을 하나님께 드리는 헌신의 문제입니다. 그러나 싸움에서 지는 경우에는 자신이 하나님께 죄를 범했다는 것을 알고 즉시 자백하여 하나님의 용서를 구해야 합니다. 그렇게 할 때 우리의 죄는 용서받고, 우리의 삶은 깨끗하게 되며, 하나님께서는 예수 그리스도께서 갈보리의 십자가 위에서 이루신 일로 말미암아 우리를 받아 주시는 것입니다.

제 5 장
경건의 시간과 기도

제자는 매일 경건의 시간을 가지며,
기도 생활에서 발전하고 있다.

우리는 믿음으로 그리스도를 영접하였듯이, 매일 믿음으로 살아가야 합니다. 그러나 이것은 우리가 하나님의 말씀 안에 거할 때에만 가능합니다. 성경은 이렇게 말씀합니다. "그러므로 믿음은 들음에서 나며 들음은 그리스도의 말씀으로 말미암았느니라"(로마서 10:17).

하나님의 말씀을 읽고 묵상하고 기도하면서 하나님과 단둘이 교제를 나누는 시간을 보낼 때, 하나님께서는 성령을 통하여 우리를 도와주시며, 우리의 믿음은 매일매일 성장해 가게 됩니다. 하나님과 더불어 살아 있고 마음 설레는 친밀한 관계를 맺고 있는 사람은 누구나 이러한 관계가 자신이 하나님의 말씀과 기도로 마음을 나누는 질적인 시간을 가지고 있기 때문이라고 말합니다.

경건의 시간의 예

우리가 그리스도인으로서 매일 하나님과 단둘이 시간을 보내는 근거는 무엇입니까? 이렇게 묻는 이유는 성경 어디에도 "너희는 매일 경건의 시간을 가질지어다"라는 계명이 없기 때문입니다. 실제론 아무런 지시나 명령도 없지만, 아주 좋은 예들이 있습니다. 먼저, 예수님께서는 바쁜 사역에도 불구하고 언제나 정기적으로 하나님 아버지와 만나셨습니다. 또한, 시편에는 그 시편을 지은 사람이 하나님과 개인적인 시간을 보낸 것을 증거해 주는 내용이 많습니다. 그리고 위대한 그리스도인들의 전기는 하나님과 개인적인 시간을 보냈던 그들의 습관을 강조합니다.

예수님의 예

예수님께서 매일 하나님과의 교제 시간을 가졌다는 사실은 우리에게 매일의 경건의 시간의 중요성을 충분히 보여 줍니다. 예수님께서는 아버지와 만나기 위해 시간을 따로 떼어 놓으셨습니다. 성경은 이렇게 기록하고 있습니다. "새벽 오히려 미명에 예수께서 일어나 나가 한적한 곳으로 가사 거기서 기도하시더니"(마가복음 1:35). 그 전날의 형편을 살펴보면 이것이 중대한 의미가 있음을 분명히 알 수 있습니다. 예수님께서는 가버나움의 회당에서 가르치셨고, 거기서 귀신 들린 사람을 고쳐 주셨습니다. 예수님께서는 회당을 떠나 시몬과 안드레의 집으로 가셔서 열병으로 누워 있는 시몬의 장모의 병을 고쳐 주셨습니다. 또, 해가 진 후에는 많은 사람들이 각종 병을 고침받기 위하여 예수님이 계신 집으로 모여들었습니다.

예수님께서는 그 전날을 어떻게 보내셨습니까? 정말로 매우 바쁜 하루였습니다. 그러나 그다음 날 아침 일찍 일어나셔서 하나님과의 시간을 가지셨습니다. 우리가 예수님처럼 분주한 하루를 보냈다면 아마 대부분은 다음 날 아침 좀 더 잠자리에 머물러 있고 싶어 할 것입니다. 예수님은 전 공생애를 통하여 대부분 이처럼 바쁜 날을 보내셨습니다. 그럼에도 불구하고 아침 일찍 일어나 기도하는 시간을 가지셨습니다. 해 진 후에까지 바쁘셨지만, 해 뜨기 전에 일어나셨습니다.

시편의 예

시편은 주 하나님을 향한 헌신의 표현으로 가득 차 있는데, 이는 그 놀라운 시편들을 지은 사람들이 하나님과 생동감이 넘치는 친밀한 관계를 가지고 있었음을 의미합니다. 다윗은 다음과 같이 기도했습니다. "아침에 나로 주의 인자한 말씀을 듣게 하소서. 내가 주를 의뢰함이니이다. 나의 다닐 길을 알게 하소서. 내가 내 영혼을 주께 받듦이니이다"(시편 143:8). 또 이렇게 말했습니다. "주께서 택하시고 가까이 오게 하사 주의 뜰에 거하게 하신 사람은 복이 있나이다. 우리가 주의 집, 곧 주의 성전의 아름다움으로 만족하리이다"(시편 65:4). 이것도 경건의 시간에 관한 말씀입니다.

다윗은 자기에게 하나님과의 교제가 필요하다는 사실을 다음과 같이 토로합니다.

하나님이여, 주는 나의 하나님이시라.
내가 간절히 주를 찾되

물이 없어 마르고 곤핍한 땅에서
내 영혼이 주를 갈망하며
내 육체가 주를 앙모하나이다.
내가 주의 권능과 영광을 보려 하여
이와 같이 성소에서 주를 바라보았나이다.
주의 인자가 생명보다 나으므로
내 입술이 주를 찬양할 것이라.
이러므로 내 평생에 주를 송축하며,
주의 이름으로 인하여 내 손을 들리이다.
골수와 기름진 것을 먹음과 같이
내 영혼이 만족할 것이라.
내 입이 기쁜 입술로 주를 찬송하되
내가 나의 침상에서 주를 기억하며
밤중에 주를 묵상할 때에 하오리니,
주는 나의 도움이 되셨음이라.
내가 주의 날개 그늘에서 즐거이 부르리이다.
나의 영혼이 주를 가까이 따르니
주의 오른손이 나를 붙드시거니와.
(시편 63:1-8)

또 다른 시편 기자는 이렇게 노래했습니다. "지존자여, 십현금과 비파와 수금의 정숙한 소리로 여호와께 감사하며, 주의 이름을 찬양하며, 아침에 주의 인자하심을 나타내며, 밤마다 주의 성실하심을 베풂이 좋으니이다"(시편 92:1-3). 이와 같은 시편 말씀을 공부해 보면 다음과 같은 양식을 발견하게 됩니다. 아침에는 하나님의 인자하심에 대하여, 밤에는 하나님의 성실하심에 대하여 하나님께 감사하고 찬양하는 것입니다. 어느 날, 론 쎄니 (네비게이토 선교회 회장 역임)는 자신이 잠자리에 들기 전 그날 하루를 돌이켜 보면서 주님께서 자신에게 베푸신 성실하심에 대하여 찬양하고 감사드리는 시간을 어떻게 가지고 있는지 이야기해 준 적이 있습니다. 그는 이와 같은 저녁 기도 시간을 가지는 것을 자신의 습관으로 삼고 있었습니다.

하나님의 사람들의 예

나의 삶에 가장 큰 영향을 준 선교사 전기는 제임스 프레이저의 이야기입니다. 프레이저는 20세기 초에 중국 남서부의 리수족을 대상으로 선교 사역을 했습니다. 이 전기를 읽어 보면 전도, 제자삼기 및 특히 하나님 앞에서 개인적 삶을 살아가는 것과 연관된 여러 원리 등이 잘 나타나 있습니다. 프레이저는 자신이 그동안 겪은 영적 싸움을 이야기하면서 자신이 효과적으로 수행했던 사역은 모두가 하나님과 홀로 보낸 시간을 통해 깨달은 것이었음을 강조합니다.

도슨 트로트맨은 경건의 시간이 필수적인 영적 훈련임을 아주 강조한 사람입니다. 도슨의 전기에는 훗날의 네비게이토 선교 사역으로 이어지는 길을 닦은 일련의 사건이 기록되어 있습니다.

도슨과 그의 친구는 매일 아침 4시에 로스앤젤레스 근처의 조그마한 산에서 만나 그들의 사역을 위해 기도하기로 하나님께 약속했습니다. 그들은 캘리포니아주의 롱비치를 위해 기도하기 시작했으며, 그다음에는 샌페드로와 로스앤젤레스를 위해서도 기도하기 시작했고, 나중엔 캘리포니아주의 다른 도시들을 위해서도 기도했습니다. 하나님께서 그들의 비전을 더 넓혀 주심에 따라 그들은 산 중턱의 기도 장소에 미국 지도를 가지고 가서 손가락으로 한 주 한 주를 짚어 가며 기도했습니다. "주님, 앨라배마… 코네티컷… 일리노이…에서 우리가 선교를 할 수 있게 해 주십시오." 그들은 계속 미국의 다른 주들을 위해서도 기도했습니다.

하나님께서는 그들의 비전을 더욱 넓혀 주셨습니다. 그래서 이제는 세계 지도를 가지고 가서 뉴질랜드, 캐나다, 아르헨티나, 중국 등 여러 나라를 손가락으로 짚어 가며 기도하였습니다. 전 세계의 모든 지역을 위해 기도했습니다. 그들은 연속 42일간 날마다 하나님 앞에서 만나 그들의 짐을 하나님께 기도로 아뢰었고, 그 후 그것은 트로트맨의 삶의 방식이 되었습니다. 그는 남은 생애 동안 매일 아침 일찍 주님과 만났습니다.

도슨 트로트맨은 사는 동안 이 기도들에 대한 응답이 오는 것을 체험했습니다. 2차 대전 중 각 주에서 온 수많은 사람들이 그리스도께로 나아와 믿음 안에서 세워졌으며 그들은 군대 및 여러 나라에서 큰 영향을 미쳤습니다. 어떤 사람은 최초의 네비게이토 선교사가 되어 1948년에 중국으로 떠났습니다. 이 일은 점차 아시아에서 발전해 갔고, 호주, 뉴질랜드, 유럽 등지에서도 개척 선교가 시작되었습니다. 어떤 사람은 라틴 아메리카에서 네비게이토 사역을 시작하게 되었습니다. 도슨이 주님께로 돌아간 그 주간에도 네비게이토 선교사 다섯 명이 아프리카에서 선교 사역을 시작하기 위해 케냐의 나이로비에 도착했습니다. 오늘날 네비게이토에서 훈련받은 사람들이 전 세계에 걸쳐 수

많은 사람들에게 영향을 주고 있습니다.

네비게이토 선교회가 지역 사회 선교를 위해 개발한 선교 방법 중의 하나가 교회 안에서의 제자 훈련 프로그램인 2:7 시리즈 사역입니다. 이 명칭은 골로새서 2:7에서 따온 것입니다. "그 안에 뿌리를 박으며 세움을 입어 교훈을 받은 대로 믿음에 굳게 서서 감사함을 넘치게 하라." 이 프로그램의 특징 중 하나가 '성경읽기 하이라이트 기록 노트'인데, 여기에다 참석자들은 경건의 시간 중에 하나님께서 자신에게 말씀해 주신 것을 기록합니다. 내가 맡은 2:7 시리즈 그룹의 참석자들이 매일 하나님과의 교제 시간을 통해 얻은 바를 듣는 일은 내게 참으로 스릴이 넘치는 시간입니다. 그들이 노트를 넘길 때 매 페이지마다 꽉 채워져 있는 것을 종종 봅니다. 자신을 드려, 매일 규칙적으로 하나님과 개인적으로 보내는 이러한 시간을 가질 때, 그들의 삶 가운데서 놀라운 일이 일어나게 됩니다.

하나님과의 교제

경건의 시간의 목적은 그날 하루 동안 우리 삶을 지탱해 줄 마술적인 에너지 공급원의 역할을 하도록 하기 위한 것이 아닙니다. 경건의 시간이란 전능하신 하나님과 교제하는 시간입니다. 하나님께서도 우리와 함께하는 이 시간을 원하시며, 또한 이 교제의 기초는 예수 그리스도의 십자가상의 죽으심이라는 사실을 성경은 가르쳐 줍니다.

그리스도께서 교제를 가능케 하심

구약 시대에 하나님께서는 이스라엘에게 아침저녁으로 희생제물을 바치도록 명하셨는데, 이는 장차 예수님께서 십자가 위에서 이루실 일을 상징하는 그림자입니다. 하나님께서는 속죄소에서 자기 백성 이스라엘을 만나셨습니다. 그러나 지금은 그리스도인이면 누구나 매일 하나님과 만날 수 있습니다. 예수 그리스도께서는 갈보리의 십자가 위에서 우리 죄를 위하여 죽으심으로써 우리가 매일 하나님과 교제할 수 있는 기초를 마련해 주셨습니다. 예수님께서 십자가상에서 우리를 구원해 주시고 또 하나님과 화목하게 해 주셨기 때문에 우리는 거룩하고 의로우신 하나님과 친밀한 교제를 나눌 수 있게 된 것입니다.

히브리서에서는 이렇게 말씀합니다.

> 그러므로 형제들아, 우리가 예수의 피를 힘입어 성소에 들어갈 담력을 얻었나니, 그 길은 우리를 위하여 휘장 가운데로 열어 놓으신 새롭고 산 길이요, 휘장은 곧 저의 육체니라. 또 하나님의 집 다스리는 큰 제사장이 계시매, 우리가 마음에 뿌림을 받아 양심의 악을 깨닫고 몸을 맑은 물로 씻었으니, 참마음과 온전한 믿음으로 하나님께 나아가자. (히브리서 10:19-22)

우리는 갈보리에서 우리를 위하여 대신 죽으시고 부활하신 예수 그리스도의 공로로 말미암아 하나님께 직접 나아갈 수 있게 된 것입니다.

하나님께서는 우리와의 교제를 원하신다

우리는 성경에서 하나님께서 우리와 교제하기를 원하신다는 놀라운 사실을 발견합니다. 천지의 창조주이신 전능하신 하나님께서 나와 교제하기를 원하고 계시며 내가 그분과 함께 시간을 보내기를 기다리고 계신다는 사실은 참으로 깜짝 놀랄 일입니다. 예수님께서는 야곱의 우물가에서 사마리아 여인에게 이렇게 말씀하셨습니다. "아버지께 참으로 예배하는 자들은 신령과 진정으로 예배할 때가 오나니 곧 이때라. 아버지께서는 이렇게 자기에게 예배하는 자들을 찾으시느니라"(요한복음 4:23).

살아 계신 하나님께서는 예배하는 자들을 찾고 계십니다. 하나님은 우리와 교제하기를 원하시는 것입니다. 하나님께서는 아침이나 저녁 또는 우리에게 가장 좋은 시간에 우리가 하나님과 만나기를 기다리고 계신다는 사실을 우리는 기억해야 합니다. 이 외의 사실은 제쳐 두고라도, 바로 이 사실로부터 우리는 하나님과의 경건의 시간을 갖는 동기를 얻게 되는 것입니다.

경건의 시간과 하나님의 말씀

경건의 시간에서 하나님과의 의사소통의 방법 중 하나는 성경 말씀입니다. 성경을 사용하는 몇 가지 실제적인 방법을 살펴보기로 하겠습니다.

영적 영양분을 섭취할 것

경건의 시간에 우리는 하나님과 교제하는 데 목표를 두어야 합니다. 경건의 시간이 교회 학교나 성경공부를 가르치기 위해 준비하는 시간이 되어서는 안 됩니다. 하나님께서는 경건의 시간 중에 교회 학교나 성경공부 모임 또는 양육 등 사역에서 사용할 수 있는 어떤 내용을 주실지도 모릅니다. 그러나 특별히 그것을 위한 어떤 것을 찾는 것이 목표가 되어서는 안 됩니다. 자신을 위한 영적 영양분의 섭취를 소홀히 한다면 진실로 다른 사람들을 도울 수가 없습니다.

경건의 시간에 가져야 할 목표는 영적 음식의 섭취, 즉 하나님의 말씀을 통해 영양을 공급받는 것이어야 합니다. 우리는 마땅히 예수 그리스도와 더 친밀하게 알고 교제하며, 주님께서 우리를 위해 해 주신 일을 더욱 잘 알아 가고, 또한 주님의 마음속에 있는 것이 무엇인지 깨달아 가야 합니다. 이 모든 것은 오로지 하나님의 말씀을 통해서만 가능합니다.

구체적인 계획과 방식을 마련할 것

많은 사람들이 분명한 계획과 방식도 마련해 두지 않고 경건의 시간을 가지려고 하다가 이내 하나님과 만나는 일을 중단하고 맙니다. 그러므로 우리가 하나님으로부터 나의 삶에 필요한 것을 얻으며 아울러 하나님께서 원하시는 바 그분과의 교제를 가지기 위해서는, 어떤 방식을 택하거나 자신에게 맞는 방식을 스스로 계발해야 합니다.

한 가지 방식으로는 경건의 일기와 같은 것이 있는데, 여기에는 매일의 경건의 시간을 위한 성경 말씀과 함께, 일 년 동안 매일 경건의 시간을 통해 하나님께서 주신 내용과 생각을 기록할 수 있는 난이 마련되어 있습니다.

또 하나의 방식은 먼저 오늘 날짜에 해당하는 시편 및 여기에 30, 60, 90, 120을 더한 시편을 읽고, 아울러 잠언 한 장을 읽는 것입니다. 예를 들면, 오늘이 12일이면 시편 12, 42, 72, 102, 132 편과 잠언 12장을 읽습니다.

세 번째 방식은 성경의 어느 한 책을 택하여 처음부터 계속 읽어 나가는 것입니다.

어떤 방식을 택하든 하나님께서 성경을 통해 말씀해 주시도록 기도하며, 또한 말씀해 주신 바를 힘써 삶에서 실천하도록 하십시오. 경건의 시간으로부터 최대의 유익을 얻으려면 하나님의 말씀을 삶에 적용해야 합니다. 성경 말씀을 읽을 때 다음 질문을 해 보십시오.

- 내가 따라야 할 본이 있는가?
- 내가 순종해야 할 명령이 있는가?
- 내가 피해야 할 잘못이 있는가?
- 내가 버려야 할 죄가 있는가?
- 내가 주장해야 할 약속이 있는가?
- 하나님에 대해 새롭게 배운 게 있는가?
- 예수 그리스도에 대해 새롭게 배운 게 있는가?
- 나의 삶에서 성령의 역사에 대해 새롭게 배운 게 있는가?

이 간단한 방식은 우리가 하나님의 말씀을 묵상하여 그 말씀에서 영적 영양분을 섭취하도록 도와줍니다. 개인적으로 보면, 나는 이러한 질문을 함으로써 큰 도움을 얻어 왔고, 종종 그날 하나님께서 나의 개인적인 묵상과 적용을 위해 내게 주기를 원하시는 구체적인 진리를 발견할 수 있었습니다.

경건의 시간과 기도

경건의 시간에서 하나님과의 의사소통을 위한 또 하나의 수단은 기도입니다. 하나님께서는 그분의 말씀을 통해 우리에게 말씀하시고, 우리는 기도를 통해 하나님께 아룁니다.

기도를 위해 치러야 할 값

하나님께서는 우리가 그분에게로 직접 나아갈 수 있도록 해주셨지만, 하나님과 대화하기 위해 그 기회를 이용하는 신자들은 너무도 적습니다. 그 이유 중 하나가 기도는 값을 치러야 하는 것이기 때문입니다. 그러므로 제자가 아닌 사람들은 그 값을 치르기를 꺼려합니다.

기도를 통해 하나님과 대화하는 데는 시간과 노력이 필요합니다. 지금까지의 모든 경건한 그리스도인의 전기를 살펴보면, 하나님을 위해 가치 있는 일을 해낸 이들은 예외 없이 하나님 앞에 무릎을 꿇고 기도하는 데 많은 시간을 드린 기도의 사람들이었습니다. 그리고 기도는 값을 치르는 일이었습니다.

오늘날 세상의 모든 것이 우리가 기도를 하지 못하도록 방해합니다. 하나님을 믿지 않는 사람들은 기도를 위해 시간을 떼어놓지 않을 것입니다. 마귀는 또한 하나님의 사람들이 기도하는 것을 싫어합니다. 우리의 분주한 삶이 기도 시간을 방해합니다. 우리는 '긴급한 일의 횡포'와 싸워야만 하는 것입니다. 기도를 하기 위해 아침 일찍 일어나는 것은 많은 이에게 매우 어려운 일입니다. 우리 몸이 그것을 싫어하고, 마음도 그것을 좋아하지 않으며, 또한 사탄도 그것을 싫어합니다. 하지만 우리는 기도해야만 합니다. 기도는 우리를 하나님께 연결시켜 주는 생명선이기 때문입니다.

선교사들은 기도가 그들이 해야 하는 일 중에서 가장 어려운 일이라고 합니다. 기도하기보다는 전도하는 것이 훨씬 더 쉽습니다. 선교지의 언어를 공부하는 것이 기도하는 것보다 더 쉽습니다. 외국 문화를 배우는 일이 기도하는 일보다는 더 쉽습니다.

주일 미군을 대상으로 선교하면서 발견한 것은 내가 해야 하는 일 중 가장 어려운 일이 매일 하나님과 교제하며 지속적으로 기도하는 것이라는 사실입니다. 왜 그렇습니까? 이는 선교 사역의 확장 때문이었습니다. 해야 할 일이 너무도 많았기 때문에 기도하기 위해 남겨 둔 시간은 거의 없었습니다. 당신이 그리스도의 제자로서 자신을 경건의 시간과 기도에 드리게 되면 당신은 매일 값을 치러야 한다는 사실을 깨닫게 될 것입니다.

방식의 예

우리가 기도를 통하여 하나님께 나아가는 방식으로 다음 두 가지를 소개합니다.

C-P-T-I-P. 첫 번째 방식은 다음 다섯 단어의 첫 글자를 딴 것입니다.

C – 자백(Confession)
P – 찬양(Praise)

T – 감사(Thanksgiving)
I – 중보(Intercession)
P – 간구(Petition)

　C – **자백**. 기도의 첫 단계는 대화의 통로가 열려 있음을 확신할 수 있도록 하기 위해 자신의 모든 죄를 하나님 앞에 자백하는 것입니다. 다윗처럼 하나님께서 우리 마음을 살펴 주시도록 기도하십시오. "하나님이여, 나를 살피사 내 마음을 아시며 나를 시험하사 내 뜻을 아옵소서. 내게 무슨 악한 행위가 있나 보시고 나를 영원한 길로 인도하소서"(시편 139:23-24). 하나님께서 우리 마음을 살피셔서 싫어하시는 것들을 지적해 주실 때, 우리는 우리 죄를 자백함으로 하나님의 용서를 구하도록 해야 합니다(요한일서 1:9 참조).
　시편 기자는 이러한 자백의 필요성을 알고 다음과 같이 말했습니다. "내가 내 마음에 죄악을 품으면 주께서 듣지 아니하시리라. 그러나 하나님이 실로 들으셨으며 내 기도 소리에 주의하셨도다"(시편 66:18-19). 잠언에서는 이렇게 말씀합니다. "자기의 죄를 숨기는 자는 형통치 못하나, 죄를 자복하고 버리는 자는 불쌍히 여김을 받으리라"(잠언 28:13).
　P – **찬양**. 우리가 깨끗하게 함을 받은 후, 하나님을 찬양하는 기도를 하는 것은 좋은 일입니다. 찬양이란 하나님께 대한 우리의 경배와 사랑의 표현입니다. 하나님을 찬양할 때 우리는 하나님의 속성, 즉 하나님의 위대하심, 능력, 위엄, 사랑, 공의, 은혜, 자비, 인내 등에 우리 생각의 초점을 맞추어야 합니다.
　기도할 때, 암송한 말씀을 사용하는 것도 좋습니다. 다윗이

노년에 이스라엘 회중 앞에서 한 기도는 아주 아름다운 찬양 기도 중 하나입니다(역대상 29:10-13 참조).

T - 감사. 우리는 감사할 줄 아는 사람이 되어야 합니다. 매일 하나님께 감사할 수 있는 것이 많습니다. 건강에 대해, 모든 필요를 공급해 주신 것에 대해, 안전하게 지켜 주신 것 등에 대해서 하나님께 감사해야 하며, 즐거운 시간을 주신 것에 대해, 친구들에 대해, 교회나 성도의 모임에 대해 및 예수 그리스도와 동행할 수 있는 특권을 주신 것 등에 대해서도 하나님께 감사할 수 있습니다. 노트나 수첩에 감사할 수 있는 내용을 적고, 이 목록을 가지고 기도할 수도 있습니다. 또한, 시련이나 어려움에 대해서도 감사하는 것을 잊지 마십시오. 이는 우리의 유익을 위해 계획된 것이기 때문입니다.

성경이 구원받지 못하고 거역하는 사람들을 묘사하는 가운데 감사하지 않는 것을 포함시킨 점을 주목해 보면 흥미롭습니다. "하나님을 알되 하나님으로 영화롭게도 아니하며 감사치도 아니하고 오히려 그 생각이 허망하여지며 미련한 마음이 어두워졌나니"(로마서 1:21).

I - 중보. 우리는 다른 사람을 위해 기도해야 할 책임이 있습니다. 우리는 자주 사람들에게 그를 위하여 기도해 주겠다고 약속해 놓고서 돌아서면 곧 잊어버리고 그를 위해 기도를 하지 않는 경우가 많습니다. 그러므로 기도해 줄 사람의 이름과 기도 제목을 적어 놓은 기도 노트나 목록을 사용하는 것이 좋습니다. 그렇게 하면 기도 시간에 이 기도 목록을 보면서 구체적으로 그들을 위해 기도할 수 있습니다.

우리는 자신의 영적 지도자와 교회의 목사 및 교회 학교 교사,

그리고 선교사들을 위해 규칙적으로 기도해야 합니다. 또 가까운 친척이나 친구, 가족, 더 나아가 함께 일하는 직장 동료들을 위해서도 기도해야 합니다.

우리는 우리 자신을 위해 기도하는 것과 동일한 방식으로 다른 사람을 위해 기도할 수 있습니다. 이는 다 같은 사람으로서, 또는 같은 그리스도인으로서 우리의 필요는 본질적으로 같기 때문입니다. 하나님께서는 우리의 필요를 채워 주시듯이 다른 사람의 필요도 채워 주십니다.

P – 간구. 마지막으로 자신을 위해서 기도해야 합니다. 무엇이든지 하나님께 가지고 가서 아뢰십시오. 그리고 그 응답을 기다리십시오. 구체적인 응답을 기대한다면 구체적인 내용으로 기도해야 합니다. 지나간 기도 노트를 살펴볼 때마다 나는 큰 격려를 받는데, 이는 하나님께서 나의 기도에 응답하셔서 나에게 얼마나 놀라운 은혜를 베풀어 주셨는지 구체적으로 알 수 있기 때문입니다. 우리가 하나님의 뜻 안에서 주님의 말씀을 따라 기도할 때, 하나님께서는 들으시고 응답해 주신다고 성경은 분명하게 약속합니다.

A – C – T – S. 두 번째 방식은 다음 네 단어의 첫 글자를 따온 것입니다.

A – 찬양(Adoration)
C – 자백(Confession)
T – 감사(Thanksgiving)
S – 간구(Supplication)

순서와 단어는 다르기도 하지만 내용은 C-P-T-I-P와 기본적으로 같습니다.

가져야 할 태도

마음을 차분하게 가라앉힐 것

하나님의 보배는 하나님 앞에 급하게 나아간다고 해서 우리 소유가 되지 않습니다. 고요한 중에 하나님께로 나아가야 합니다. 시편에서는 "너희는 가만히 있어 내가 하나님 됨을 알지어다"(시편 46:10)라고 말씀합니다. 하나님께서는 이사야를 통하여 이렇게 말씀하셨습니다. "잠잠하고 신뢰하여야 힘을 얻을 것이어늘"(이사야 30:15). 우리 마음이 하나님 앞에서 잠잠할 때 하나님께서는 하나님의 말씀을 통해 우리에게 이야기하시며 우리가 그날 하루를 살아가는 데 필요한 것을 공급해 주십니다. 마음이 급하면 귀중한 것을 놓치기가 쉽습니다.

하나님의 임재를 기다릴 것

하나님의 도우심을 기다려야 합니다. 우리의 삶을 하나님께 드러내 놓고 하나님을 우리 마음속 가장 깊숙한 곳으로 초대하면, 우리는 하나님께서 친히 우리와 함께 계심을 알게 됩니다. 그러므로 마음을 잠잠하게 하고, 하나님께서 말씀하시는 바에 귀를 기울이며, 성령을 통한 하나님의 임재를 기다리십시오. 이와 같이 하나님의 임재를 기다리며 하나님의 말씀을 읽으면 하나님은 우리에게 말씀하여 주실 것입니다.

물론 자기만족을 위해 성경을 읽고 기도할 수도 있습니다. 그러나 하나님과의 친밀한 교제를 계발하지 않으면 우리는 살아계신 하나님과의 친교의 가치를 잃어버리게 됩니다. 경건의 시간이 단지 습관적인 것이 되지 않도록 주의해야 합니다. 매일 하나님과 만나는 이 만남의 시간은, 하나님께서 우리와의 교제를 원하시며 우리가 하나님 앞에 나아오기를 기다리고 계신다는 사실을 알기 때문에 적극 기대하는 시간이 되어야 합니다.

만일 경건의 시간으로부터 아무것도 얻지 못하고 있다면, 자신의 삶에 아직 자백하지 않은 죄나 하나님께서 우리를 돕지 못하도록 방해하는 것이 있는지 자신을 자세히 살펴보아야 합니다. 또는 마음으로 묵상하지는 않고 단지 눈으로만 성경을 읽고 있기 때문일지도 모릅니다. 그러므로 마음을 다해 묵상하면서 성경을 읽으십시오.

시간과 장소

우리는 하나님과의 개인적인 교제 시간을 가지지 않는 데 대해 변명하기가 너무나 쉽습니다. 많은 사람들이 시간이 없다느니 장소가 마땅치 않다느니 하고 핑계를 댑니다. 또한, 시간과 장소를 마련하려고 하기보다는 어쩔 도리가 없다고 스스로 단정해 버립니다. 해결의 관건은 경건의 시간이 자신의 영적인 삶에 필수적인 것임을 확신하고 매일 경건의 시간을 갖는 훈련을 꾸준히 계속해 나가는 것입니다.

로버트 포스터는 하나님과 함께 7분간이란 책자에서 경건의 시간에 대해 이렇게 이야기합니다.

    1882년, 케임브리지 대학 구내에서 처음으로 다음과 같은 슬로건이 제창되었습니다. "경건의 시간을 기억하라."
    후퍼나 손턴 같은 학생들은 그들의 생활이 공부와 강의와 각종 경기와 자유 토론 등으로 꽉 차 있음을 알게 되었습니다. 열정적인 활동만이 하루 일과의 전부였습니다. 이들 열정적인 학생들은 그들의 영적 갑옷에 틈이 생겼음을 곧 발견했습니다. 조그마한 틈일지라도 곧 메워지지 않으면 파멸을 가져오고 말 것입니다.
    그들은 해결책을 모색했고 해결 방안을 찾아냈습니다. 하루 중의 첫 시간 얼마를 성경 읽기와 기도로 하나님과 함께 보낼 계획을 세웠고, 그들은 이것을 경건의 시간이라고 불렀습니다.
    경건의 시간은 그 갈라진 틈을 메워 주었습니다. 경건의 시간은 밀려오는 활동의 압력으로 빛을 잃어 가던, 매일 재발견되어야 할 진리들을 소중히 간직하게 하여 주었습니다. 하나님을 더 가까이 알기 위해서는 하나님과 함께 지속적으로 시간을 보내는 것이 필요했습니다.
    이 제안은 불이 붙었습니다. 이를 통하여 놀라운 영적 축복을 학생들은 경험하게 되었고, 드디어 탁월한 운동선수요 부유하고 교육받은 사람들인 케임브리지 7인이 선교사로 떠나기에 이르렀습니다. 이들은 모든 것을 내어 던지고 그리스도를 위하여 중국으로 갔습니다.

각자 자신에게 가장 좋은 시간을 선택하도록 하십시오. 식사 시간은 대부분 고정적으로 정해 두면서도 왜 이보다 훨씬 더 중요한 일, 즉 하나님과 함께하는 영적인 식사를 위해서는 일정한 시간을 정해 두지 않습니까? 그러므로 경건의 시간을 갖도록 보장하는 최선의 방법은 일정한 시간을 고정적으로 따로 떼어 놓는 것입니다.

많은 이들은 아침 시간을 떼어 놓습니다. 어떤 이는 모든 것이 고요한 밤중에 시간을 떼어 놓습니다. 또는 한낮에 자신이 혼자 있을 수 있다면 그때 경건의 시간을 가질 수도 있습니다. 언제든 좋습니다.

자신의 시간 계획상 가장 좋은 시간을 택하였으면 그것을 굳게 지키기 바랍니다. 하나님과 교제하는 이 시간에 삶의 최우선 순위를 부여하십시오. 네비게이토 선교회 본부인 글렌에리에는 66개의 아름다운 방이 있는 튜더 양식의 성이 있습니다. 요즘에는 이 성이 일 년 내내 수양회 장소로 사용되고 있지만, 오래전 내가 머물 당시에는 겨울철엔 영적 훈련 장소로 사용되었습니다. 사람들은 몇 명씩 한방에서 지내면서 욕실은 같이 썼습니다. 어떤 사람은 서재를 따로 갖고 있기도 했지만, 모두에게 돌아갈 만큼 조용한 장소가 많지는 않았습니다. 더욱이 우리는 대부분 거의 같은 시간에 일어났기 때문에 각기 부산하게 움직였습니다. 그러나 다른 사람들이 아직도 채비를 갖추느라 약간 어수선한 그런 와중에서도 사람들은 그 방의 한쪽에서 경건의 시간을 가질 수 있었습니다. 그들은 분주한 중에서도 세상으로부터 마음의 문을 닫고 조용히 경건의 시간을 가짐으로써 주님과 교제하는 법을 터득하게 되었던 것입니다.

* * *

하나님께서는 우리와 함께 시간을 보내기를 원하십니다. 하나님께서는 우리를 그분의 존전에 초대하십니다. 그분은 성경 말씀을 통해 우리에게 말씀하시며 우리는 기도를 통해 그분께 말씀드립니다. 주님의 제자는 바로 하나님과의 이러한 필수적인 만남에 자신을 드려야 합니다.

유명한 선교사였던 찰스 스터드는 그리스도인이 된 후 평생 동안 주님을 만나기 위해 매일 아침 4시 30분에 일어났습니다. 이 시간의 중요성에 대해 그는 다음과 같이 말했습니다. "여러분이 그날 하루 동안 마귀를 만나기를 원치 않는다면, 동이 트기 전에 예수님을 만나십시오."

제 6 장
성경의 중요성

제자는 듣기, 읽기, 공부, 암송 및 묵상을 통해 하나님의 말씀을
배우고 생활에 적용하는 일에 열망과 성실함을 나타낸다.

이 장에서는 하나님께서 왜 우리에게 성경을 주셨으며, 우리는 어떻게 하나님의 말씀을 배울 것인가 하는 두 가지 주요한 영역에 대해 이야기하고자 합니다. 어떤 것이 주어진 이유를 알면 그것을 사용할 때 효율성이 증가합니다.

왜 하나님은 우리에게 성경을 주셨는가

성경은 하나님께서 우리 인간에게 자기 자신을 알려 주신 계시의 수단입니다. 성경 안에는 우리가 믿음과 실생활을 위해 알아야 할 모든 내용이 들어 있습니다. 성경은 이 세상에서의 생활 및 영원한 생명에 관하여 인간에게 주신 하나님의 최종적인 말씀인 것입니다.

성경은 우리에게 구원의 하나님을 보여 준다

성경에서는 이렇게 말씀합니다. "그가 그 조물 중에 우리로 한 첫 열매가 되게 하시려고 자기의 뜻을 좇아 진리의 말씀으로 우리를 낳으셨느니라"(야고보서 1:18). "너희가 거듭난 것이 썩어질 씨로 된 것이 아니요 썩지 아니할 씨로 된 것이니, 하나님의 살아 있고 항상 있는 말씀으로 되었느니라"(베드로전서 1:23). 우리는 하나님의 말씀을 통하여 우리를 죄에서 구원할 구세주의 필요성을 깨닫게 됩니다. 성령께서는 성경을 사용하여 사람들의 필요를 보여 주십니다. 이 진리의 말씀을 통하여 우리는 거듭나게 됩니다. 그러므로 성경에 나타나 있는 구원 계획을 전해 주는 것이 전도의 핵심이 되는 것입니다.

로마서에서는 성경에 기록된 모든 것은 "우리의 교훈을 위하여 기록된 것"이라고 분명하게 말씀하고 있습니다. 그 목적은 "우리로 하여금 인내로 또는 성경의 안위로 소망을 가지게" 하려는 것입니다(로마서 15:4). 소망의 성경적 개념 속에는 우리가 하나님과 더불어 영원히 살게 된다는 사실에 대한 확신이 내포되어 있습니다.

시편에서는 "구원이 악인에게서 멀어짐은 저희가 주의 율례를 구하지 아니함이니이다"(시편 119:155)라고 기록했습니다. 여기서 말씀하고 있는 바는 하나님의 말씀을 떠나서는 아무도 구원을 얻을 수 없다는 것입니다. 악인은 성경을 상고하지 않기 때문에 구원받는 법을 알지 못합니다. 성령께서는 이 성경을 사용하여 우리 마음을 찔러 우리를 예수 그리스도를 통해 하나님께로 인도하십니다.

성경은 우리를 죄로부터 깨끗하게 해 준다

제자가 순결한 삶을 살려면 죄에 민감해져야 합니다. 죄에 민감해질 수 있는 유일한 방법은 하나님의 말씀 안에 거하는 것인데, 말씀은 우리로 자신의 죄를 깨닫게 해 줍니다. 우리는 이 죄를 하나님께 자백함으로써 죄로부터 깨끗하게 되는 것입니다. 성경을 주의 깊게 읽는 사람은 누구나 자기의 삶 속에 있는 죄를 다루시는 성령의 역사를 경험할 수 있습니다. 많은 그리스도인들이 게으르고 열매를 맺지 못하는 이유 중 하나는 하나님의 말씀을 통한 이러한 성령의 역사가 그들의 삶 속에 결여되어 있기 때문입니다.

시편 기자는 "청년이 무엇으로 그 행실을 깨끗케 하리이까?" 하고 묻고는 곧바로 이렇게 대답했습니다. "주의 말씀을 따라 삼갈 것이니이다. 내가 전심으로 주를 찾았사오니 주의 계명에서 떠나지 말게 하소서. 내가 주께 범죄치 아니하려 하여 주의 말씀을 내 마음에 두었나이다"(시편 119:9-11). 여기서 "범죄할 수 없다"라고 하지 않고 "범죄치 아니하려 하여"라고 한 것을 주목하십시오. 우리가 범죄하기를 택한다면 우리는 여전히 범죄할 수 있습니다. 우리는 하나님의 말씀에 순종함으로써 그 말씀이 우리를 깨끗하게 할 수 있도록 해야 합니다.

나에게는 그리스도인의 삶에서 성장하지 않던 시절이 있었습니다. 나의 삶에 몇 가지 문제가 있었습니다. 내 생활 속의 몇 가지 습관이 옳지 않다는 것을 알면서도 나는 속수무책이었습니다. 나는 성경이 나의 영혼을 위한 양식이라는 사실을 몰랐기 때문에 하나님의 말씀을 섭취하지 않고 있었습니다. 그 후 한 해군 병사가 나를 성경과 성경 암송으로 안내했고, 나는 하나님의 말씀으로 내 영혼을 먹이기 시작했습니다. 나는 죄를 깨닫는 대로 자백하여 깨끗하게 함을 받았습니다. 얼마 후, 나는 내 삶 속의 고질적이던 그 습관 중 일부가 내게서 떠나가는 것을 깨닫기 시작했습니다. 하나님의 말씀은 나를 깨끗하게 해 주는 효과가 있었으며, 나의 삶에서 그러한 습관을 깨끗이 씻어 버렸습니다.

바람직하지 않은 습관이나 문제를 안고 있다면, 그 해결 방법은 하나님의 말씀 속으로 파고들어 가는 것입니다. 정기적인 성경공부와 성경 암송, 그리고 실생활에서 말씀의 적용은 당신을 위해 놀라운 일을 이룰 것입니다. 하나님의 말씀을 규칙적으로 섭취하면 성령께서 성경 말씀을 사용하여 우리 죄를 다루실 수 있도록 해 줍니다.

성경은 우리가 영적으로 성장할 수 있도록 해 준다

제자는 영적으로 성장해야 합니다. 제자가 성장하고 있지 않다면 그는 침체된 삶을 살고 있는 것이며 진정한 제자가 아닙니다. 영적 성장은 바로 영적 음식인 하나님의 말씀을 꾸준히 섭취하는지의 여부에 달려 있습니다.

히브리서에서는 성경 말씀의 섭취를 젖과 단단한 음식으로 구분합니다. "때가 오래므로 너희가 마땅히 선생이 될 터인데, 너희가 다시 하나님의 말씀의 초보가 무엇인지 누구에게 가르침을 받아야 할 것이니, 젖이나 먹고 단단한 식물을 못 먹을 자가 되었도다"(히브리서 5:12). 영적 영양분을 섭취하여 성장하려면 새 신자는 우선 말씀의 젖을 먹어야 합니다(베드로전서 2:2-3 참조).

그러나 제자는 '갓난아기' 단계를 넘어 계속 성장하기 위해서 '단단한 음식'도 먹을 줄 알아야 합니다. 젖은 어느 시점까지는 성장에 도움이 되지만 계속적인 영적 성장을 위해서는 씹어서 섭취해야 하는 단단한 음식이 필요합니다. 우리는 성화의 과정에서 하나님의 말씀에 의해 세워지고 진보합니다. 이것은 영적 성장의 중요한 원리입니다. 왜냐하면 우리는 그리스도인으로서 평생 동안 영적으로 계속 성장해야 하기 때문입니다.

바울은 에베소 교회의 장로들에게 작별을 고할 때, 주님의 제자로 살아가고 있는 그들에게 이렇게 권고하였습니다. "지금 내가 너희를 주와 및 그 은혜의 말씀께 부탁하노니, 그 말씀이 너희를 능히 든든히 세우사 거룩케 하심을 입은 모든 자 가운데 기업이 있게 하시리라"(사도행전 20:32).

성경은 우리의 삶을 인도하고 지도해 준다

제자는 자신의 삶을 위한 하나님의 뜻이 무엇인지 알기 위해 하나님의 말씀을 살핍니다. 하나님께서는 우리를 인도해 주실 것을 약속하셨습니다. 그러나 하나님께서 우리를 위해 가지고 계신 뜻을 알기 위해서는 우리가 하나님의 말씀 안에 거해야 합니다. 잠언에서는 이렇게 권면합니다. "너는 마음을 다하여 여호와를 의뢰하고 네 명철을 의지하지 말라. 너는 범사에 그를 인정하라. 그리하면 네 길을 지도하시리라"(잠언 3:5-6).

하나님께서 우리의 삶을 지도하실 것을 믿고 그분을 의뢰하면, 그분은 자신의 뜻에 합당한 우리의 소원을 이루어 주시겠다고 약속하십니다. 시편에서는 이렇게 말씀합니다. "또 여호와를 기뻐하라. 저가 네 마음의 소원을 이루어 주시리로다. 너의 길을 여호와께 맡기라. 저를 의지하면 저가 이루시고"(시편 37:4-5).

한 친구는 선교를 위해 중동의 어떤 도시를 방문하고자 하는 소원이 있었습니다. 그는 시편 37:4-5의 약속을 주장하면서 기도했습니다. 하나님께서 자신이 정하신 때에 이 소원을 이루어 주실 것이라는 확신이 있었습니다. 한번은 그가 네비게이토 선교회의 일로 해외 선교 여행을 떠나려고 할 때, 그의 친구가 찾아와 말했습니다. "여보게, 내게 돈이 좀 여유가 있는데 주님께서 내 마음에 자네가 오랫동안 기도해 온 일을 위하여 사용하도록 그 돈을 자네에게 주라고 하셨네." 그는 이 도시를 방문하려는 내 친구의 소원에 대하여는 전혀 아는 바가 없었지만, 하나님께서는 자신의 때에 자신의 순종하는 종을 통하여 내 친구의 소원을 이루어 주신 것입니다.

우리가 하나님의 말씀 안에 거함으로써 주님을 기뻐하는 가운데 하나님의 뜻에 맞는 소원을 가지고 있다면, 그분은 자신의 때에 자신의 방법으로 이 소원을 이루어 주실 것입니다.

성경은 우리가 전도할 때 능력을 준다

제자가 하나님의 말씀 안에 거해야 하는 또 하나의 이유는 그리스도를 효과적으로 증거하기 위해서입니다. 성경을 모르면, 결코 효과적으로 사람들을 그리스도께 인도할 수 없습니다. 우리는 불신자들에게 전해 줄 내용이 있어야 합니다. 하나님께서는 에스겔에게 "이 자손은 얼굴이 뻔뻔하고 마음이 강퍅한 자니라. 내가 너를 그들에게 보내노니, 너는 그들에게 이르기를 '주 여호와의 말씀이 이러하시다' 하라"(에스겔 2:4)라고 말씀하셨습니다.

하나님께서 바울에게 그가 할 일을 구체적으로 지시하신 것이 바로 그것입니다. "그(아나니아)가 또 가로되, '우리 조상들의 하나님이 너를 택하여 너로 하여금 자기 뜻을 알게 하시며 저 의인을 보게 하시고 그 입에서 나오는 음성을 듣게 하셨으니, 네가 그를 위하여 모든 사람 앞에서 너의 보고 들은 것에 증인이 되리라'"(사도행전 22:14-15). 그래서 훗날 바울은 이렇게 말했습니다.

> 이는 하나님께서 그리스도 안에 계시사 세상을 자기와 화목하게 하시며, 저희의 죄를 저희에게 돌리지 아니하시고 화목하게 하는 말씀을 우리에게 부탁하셨느니라. 이러므로 우리가 그리스도를 대신하여 사신이 되어, 하나님이 우리로 너희를 권면하시는 것같이 그리스도를 대신하여 간구하노니, 너희는 하나님과 화목하라. (고린도후서 5:19-20)

증거할 때 우리의 메시지는 "이것은 하나님의 말씀이다!"라야 합니다. 사신(대사)은 자신이 하고 싶은 말을 하는 것이 아니라, 다만 전하라고 훈령을 받은 것만 말합니다.

힘 있는 증거를 하기 위하여 하나님의 말씀이 필요함을 보여주는 좋은 말씀이 잠언에 기록되어 있습니다. "내가 모략과 지식의 아름다운 것을 기록하여 너로 진리의 확실한 말씀을 깨닫게 하며, 또 너를 보내는 자에게 진리의 말씀으로 회답하게 하려 함이 아니냐"(잠언 22:20-21).

해군에 복무할 당시, 나는 영적으로 어린 그리스도인이었지만, 주위 사람들에게 구세주가 필요하다는 사실을 깨닫고 그들에게 그리스도를 증거하려고 했습니다. 그러나 성경을 잘 몰랐기 때문에 그 사람들과 논쟁만 할 뿐이었습니다. 그 후, 나는 하나님의 말씀을 공부하고 성경 암송도 시작하였으며, 간단한 복음 소개 방법도 배웠습니다. 그리하여 내가 하나님의 말씀을 섭취하기 시작한 지 석 달 후, 한 해군 병사를 그리스도께로 인도할 수 있었습니다.
하나님께서는 우리가 하나님을 효과적으로 증거하도록 하기 위해 성경을 우리에게 주셨습니다.

성경은 우리가 제자의 삶을 살도록 도와준다

성경에서 아주 중요한 구절 중 하나인 다음 구절에서는, 앞에서 이미 제시한, 성경이 주어진 이유를 사실상 요약하고 있습니다. "모든 성경은 하나님의 감동으로 된 것으로 교훈과 책망과 바르게 함과 의로 교육하기에 유익하니, 이는 하나님의 사람으로 온전케 하며 모든 선한 일을 행하기에 온전케 하려 함이니라"(디모데후서 3:16-17).

제자는 교훈이 필요합니다. 교훈은 모든 사람의 삶의 기초를 이룹니다. 물론, 그릇된 개념이나 전제를 가지고 있을 수도 있지만, 여하튼 사람들은 어떤 교훈 위에 자신의 삶의 기초를 둡니다. 그러므로 어떤 사람의 생활 방식을 보면 그 사람의 삶의 기초가 되는 교훈이 무엇인지를 짐작할 수가 있는 것입니다.

예수 그리스도의 제자로서는, 교훈은 하나님의 말씀인 성경으로부터 나와야 합니다. 그리스도인의 생활의 모든 것, 즉 성품, 언어, 행동, 경험 등은 성경의 교훈과 관련되어 있습니다. 성경 말씀은 우리가 믿는 바요 행하는 것이며, 신앙의 기초 즉 그 토대입니다.

우리가 선교 관계의 일로 샌안토니오에 살던 때입니다. 우리는 성경 강해를 잘하는 어느 교회에 출석하게 되었습니다. 샌안토니오에서 머물던 첫 번째 주일에 목사님은 로마서 3:21을 가지고 설교했습니다. 우리가 그 교회에 출석한 지 1년이 되는 주일에는 로마서 5:21을 가지고 설교했습니다. 그 목사님은 일 년 동안 주일 아침과 저녁 및 수요일 저녁의 예배 시간에 로마서를 한 절 한 절 강해하며 설교했기 때문에 1년에 겨우 두 장을 나갔습니다. 이렇게 하여 교인들은 성경을 이해하고 소화하여 자기 삶에 실제적으로 적용할 수 있었습니다. 그것은 우리에게 놀라운 축복과 격려가 되었습니다.

제자는 책망이 필요합니다. 우리가 제자의 삶을 살기 위해서는, 우리를 책망할 뿐 아니라 우리가 어떻게 죄를 범했으며 어디서 길을 잃었는지를 우리에게 보여 줄 성경이 필요합니다. 성령께서는 우리가 성경 말씀 안에 거할 때 신실하게 이러한 잘못된 영역을 우리에게 보여 주십니다. 하나님의 말씀으로 우리의 죄를 책망하는 것이 성령께서 하시는 일 중 하나입니다. 성경은 우리의 모습을 있는 그대로 보여 주는 거울과 같습니다. 이처럼 성경이 자신의 죄를 보여 주기 때문에 성경 말씀 안에 거하기를 원치 않는 사람도 있습니다.

제자는 바르게 함이 필요합니다. 성경은 우리에게 우리의 죄를 보여 줄 뿐만 아니라 하나님 또는 다른 사람들과의 관계를 회복하는 데 필요한 조치를 제시해 줍니다. 다시 말하면, 성경은 우리에게 제자의 삶의 본연의 위치로 되돌아갈 수 있는 방법을 보여 주는 것입니다. 하나님께서는 우리가 죄의 길을 가지 않고 올바른 길로 가기 위해 해야 할 일을 은혜로 우리에게 가르쳐 주십니다.

제자는 의로 교육함이 필요합니다. 성경은 우리에게 하나님을 기쁘시게 하는 삶을 사는 법, 그리스도인 및 불신자들과 조화

가운데 사는 법, 사탄의 권세 아래 있는 이 세상에서 승리하며 사는 법 등을 가르쳐 줍니다. 우리의 책임은 양면성이 있는데, 즉 수직적으로는 하나님께, 수평적으로는 사람들에게 책임을 지고 있는 것입니다.

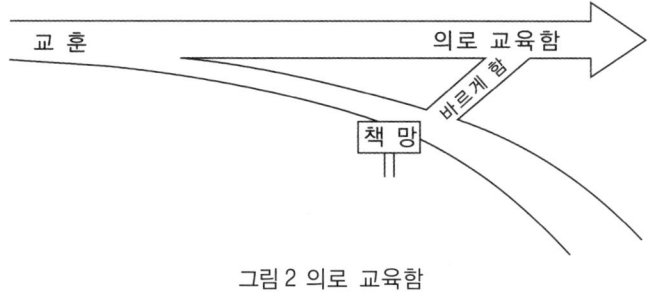

그림 2 의로 교육함

그림 2에서 수평으로 놓인 길은 우리가 마땅히 걸어야 할 제자의 길입니다. 그러나 우리 모두는 죄를 범하여 갑자기 곁길로 빠지는 때가 있습니다. 그렇게 하여 우리는 '바른길'에서 이탈합니다. 처음에는 바른길과 아주 가깝기 때문에 이탈한 것을 알아차리지 못합니다. 그러나 조금 지나면 더욱 벗어납니다. 대부분의 죄는 갑작스럽고 돌연한 변화로서 나타나는 것이 아니기 때문에 때로는 그것을 인식하기가 어렵습니다. 그러나 일정 기간이 지나 우리가 바른길에서 좀 더 멀리 벗어났을 때 성령께서는 하나님의 말씀을 통해 우리를 책망하십니다. 여기서 우리는 선택의 갈림길에 서게 됩니다. 하나님의 말씀을 무시하고 계속 하나님의 길에서 더 멀리 벗어날 수도 있고, 또는 바른길로 돌아가기 위한 조치를 취하여 하나님의 말씀으로 돌아와 계속 의로 교육함을 받을 수도 있습니다.

성경을 알아 가는 법

하나님의 말씀은 우리가 여러 가지 방법으로 성경을 알아 갈 수 있다고 합니다. 하나님의 말씀을 듣기도 하고, 읽기도 하며, 공부도 하고, 암송도 합니다. 또한 듣고 읽고 공부하고 암송한 것을 묵상하기도 합니다. 네비게이토 선교회에서는 하나님의 말씀을 섭취하는 다섯 가지 방법을 잘 설명하기 위해, 말씀의 손 예화(그림 3)를 사용하고 있습니다.

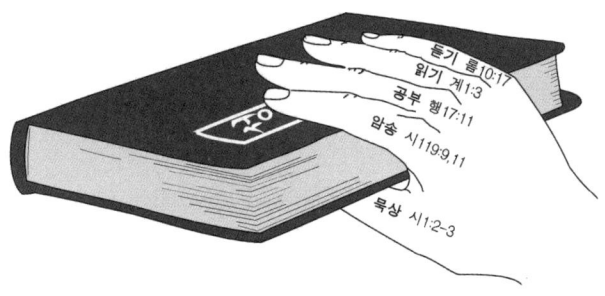

그림 3 말씀의 손 예화

듣 기

우리가 첫 번째로 해야 할 일은 경건한 영적 지도자들로부터 정기적으로 하나님의 말씀을 듣는 것입니다. 주일 아침 및 저녁 예배는 이를 위한 훌륭한 기회입니다. 설교 시간에 하나님의 종은 우리에게 주님의 메시지를 전해 주고 있는 것입니다. 또한, 교회 학교나 특별한 모임을 통해서도 하나님의 말씀을 들을 수 있습니다. 라디오나 TV, 수양회나 세미나, 그리고 다양한 매체 등을 통해서도 하나님의 말씀을 들을 수 있습니다. 성경은 이렇게 말씀합니다. "그러므로 믿음은 들음에서 나며 들음은 그리스도의 말씀으로 말미암았느니라"(로마서 10:17).

들은 것을 기억하는 데 도움이 되도록 노트에 기록하며, 또한 들은 바 말씀을 실천하십시오. 제자란 하나님의 말씀을 듣기만 하는 자가 아니요 실행하는 자입니다.

> 너희는 도를 행하는 자가 되고, 듣기만 하여 자신을 속이는 자가 되지 말라. 누구든지 도를 듣고 행하지 아니하면 그는 거울로 자기의 생긴 얼굴을 보는 사람과 같으니 제 자신을 보고 가서 그 모양이 어떠한 것을 곧 잊어버리거니와, 자유하게 하는 온전한 율법을 들여다보고 있는 자는 듣고 잊어버리는 자가 아니요 실행하는 자니, 이 사람이 그 행하는 일에 복을 받으리라. (야고보서 1:22-25)

성경 말씀을 생활에 적용하려면 구체적인 실천 계획을 세워야 합니다. 그러기 위해서는 기록하는 것이 필요합니다.

코럴리지 장로교회에 출석하는 젊은 부인이 이렇게 말한 적이 있었습니다. 자기가 그 교회에 처음 나왔을 때 케네디 목사의 설교가 자신을 사로잡았다는 것입니다. 이 부인은 전에는 결코 들어보지 못했던 얘기를 듣고 흥미를 느끼게 되었으며, 하나님의 말씀을 들으면서 그 부인의 믿음은 점점 성장해 갔던 것입니다.

읽 기

이미 앞에서 언급하였듯이 우리는 또한 하나님의 말씀을 규칙적으로 읽어야 합니다. 1년에 한 번 또는 적어도 2년에 한

번은 성경을 통독할 수 있도록 계획을 세워야 합니다.

고대 이스라엘에서 왕은 하나님의 말씀을 읽도록 되어 있었습니다. "평생에 자기 옆에 두고 읽어서 그 하나님 여호와 경외하기를 배우며 이 율법의 모든 말과 이 규례를 지켜 행할 것이라"(신명기 17:19). 성경은 하나님의 말씀을 읽는 자들에게 축복이 있을 것을 약속하였으며(요한계시록 1:3 참조), 디모데에게는 성경을 읽는 일에 전심하라고 권면했습니다(디모데전서 4:13 참조). 그리스도의 제자는 정기적으로 하나님의 말씀을 읽어야 합니다.

공 부

하나님의 말씀을 섭취하는 세 번째 방법은 성경을 공부하는 것, 즉 주의 깊게 연구하는 것입니다. 성경은 마치 은이나 보배를 찾듯이 지혜를 찾으라고 권면합니다(잠언 2:4 참조). 성경은 모든 지혜의 원천입니다. 사도 바울은 디모데에게 "네가 진리의 말씀을 옳게 분변하며, 부끄러울 것이 없는 일꾼으로 인정된 자로 자신을 하나님 앞에 드리기를 힘쓰라"(디모데후서 2:15)라고 권면하였습니다. 베뢰아 사람은 바울이 그들에게 말한 것이 과연 하나님의 말씀인지 알기 위하여 "날마다 성경을 상고"하였기에, 성경은 그들을 가리켜 "신사적"이라고 표현합니다(사도행전 17:11). 이와 같이 성경은 성경공부가 제자의 삶에서 필수적인 사항임을 가르쳐 줍니다.

축복된 성경공부의 몇 가지 중요한 특징은 다음과 같습니다.

성경공부는 **지속적**이어야 합니다. 일주일마다 또는 적어도 격주로는 어떤 형태의 성경공부든 하고 있어야 합니다. 오늘날 우리가 쉽게 접할 수 있는 여러 성경공부 교재들은 일주일에

한 과씩 마칠 수 있도록 되어 있습니다.

성경공부는 **체계적**이어야 합니다. 새 신자는 보통 문답식 성경공부로부터 시작하는데, 이는 매우 효과적인 방법입니다. 여기에는 질문과 참조 성경 구절이 제시되어 있어 새 신자가 공부하기에 비교적 쉽습니다. 이러한 성경공부는 새 신자를 하나님의 말씀 속으로 인도합니다. 문답식 성경공부는 배우는 사람의 생각을 어떤 특정한 방향으로 이끌어 주며, 성경의 진리를 가르치는 데 유용한 도구입니다. 그리고 새 신자에게 영적 성장을 위해 할 수 있는 바를 제시해 주며, 성경공부를 체계적이고 규칙적으로 하는 습관을 계발해 줍니다. 또한 새 신자가 적용을 통해 자신의 영적 필요를 채울 수 있게 하며, 성경 지식을 얻게 하며, 성경 전체에 익숙하게 해 줍니다.

오늘날 문답식 성경공부 교재가 많이 나와 있는데, 새 신자를 위한 쉬운 단계에서부터 성숙한 그리스도인을 위한 좀 더 어려운 단계에 이르기까지 다양하게 나와 있습니다.[1]

성장하는 제자를 위해 매우 좋은 성경공부 방법은 일반적으로 장별 성경공부[2]라고 부르는 것인데, 이 방법은 배우는 사람이 스스로 성경의 한 책을 택하여 한 장 한 장 연구해 나가는 것입니다. 제자라면 일생 동안 정기적인 계획을 세워 장별 성경공부를 하면 좋습니다. 이는 하나님의 말씀을 알아 가는 최선의 방법이기 때문입니다.

성경공부는 자신의 **독창적인** 탐구를 담고 있어야 합니다. 이것은 다른 사람이 연구한 것에 의지하지 않고 혼자 힘으로 하나님의 말씀 속으로 파고들어 가는 것을 뜻합니다. 성경에 관한 책이 아니라 성경을 연구해야 합니다. 그런 의미에서 본다면, 문답식 성경공부는 스스로 새로운 사실을 발견하고 결론을 이끌어 낼 기회를 마련해 주기는 하지만, 적으나마 어떤 방향이 제시되어 있습니다. 그러나 장 분석 성경공부는 구체적인 질문이나 구절에 의해 의도된 방향이 없기 때문에 독창적인 탐구를 할 수 있습니다. 독창적인 탐구를 위한 몇 가지 질문을 말씀드립니다.

1. 본문은 무엇을 말하고 있는가? 자신의 말로 본문을 요약하거나 개요를 적어 보십시오. 해석하려고 하지 말고, 자신의 말로 본문의 핵심 내용을 그대로 써 보십시오.

2. 본문 내용 중 내가 이해하지 못하는 것은 무엇인가? 여기서는 본문을 한 구절씩 관찰하면서 떠오르는 문제를 적어 보십시오. 이는 모든 문제에 대한 답을 반드시 다 찾을 수 있을 것이라는 말은 아닙니다. 이를 통해 본문 가운데 자신이 이해하지 못하는 부분이 있다는 점을 인식하는 것입니다.

3. 내가 이 본문을 이해하는 데 도움이 되는 다른 성경 구절들은 어떻게 얘기하고 있는가? 이것을 흔히 '참조 성구 찾기'라고 부릅니다. 즉, 동일한 내용을 말해 주거나 본문을 이해하는 데 도움이 되는 다른 성경 구절들을 찾아보는 것입니다. 이를 위해서는 대개 성구사전을 활용합니다.

성경공부는 반드시 공부 내용을 **기록해야** 합니다. 성경공부를 통해 깨달은 내용을 기록하십시오. 기록하지 않으면 성경을 읽기만 한 것과 다를 바가 없게 됩니다. 우리가 의로 교육을 받을 수 있는 가장 효과적이며 오래가는 방법은 하나님께서 우리에게 가르쳐 주신 것을 기록하는 것입니다.

성경공부는 매일의 생활에 **적용해야** 합니다. 성경의 교훈을 생활에 적용하지 않으면 성경공부는 아무 유익이 없습니다. 성경공부 때 가장 중요한 질문은 "주님, 지금 공부하는 이 부분에서 제 삶에 적용하기를 원하시는 것은 무엇입니까?"입니다. 훌륭한 문답식 성경공부에는 공부하는 사람으로 하여금 자신이 배운 진리를 어떻게 삶에 적용할 것인지 생각하게 하는 질문이 하나 이상 있습니다. 장별 성경공부를 하는 사람이라면 스스로 이런 질문을 해야 합니다. "이 구절은 나에게 무엇을 말해 주고 있는가?" 이 개인 적용은 성경공부에서 가장 소홀히 되는 부분이라 해도 과언이 아닙니다. 많은 사람들이 단지 지식적인 성경 연구로써 만족합니다. 이 책에서 자주 강조했듯이 참된 성경공부는 반드시 개인적인 적용이 있어야 합니다. 우리가 하나님의 말씀을 행하는 자가 되려고 한다면, 반드시 적용할 성경 말씀을 찾아야 합니다.

개인 적용을 기록하는 절차는 다음과 같습니다.

1. 본문의 말씀(구절 또는 문단)이 자신에게 말해 주는 진리를 자신의 말로 써 보십시오.

2. 본문이 가르치고 있는 내용을 어떻게 소홀히 해 왔는지 분명히 말하십시오.

3. 자신의 필요를 구체적으로 예를 들어 보십시오.

4. 본문의 교훈을 어떻게 실천할 것인지 기록하십시오.

5. 그것을 실천했는지 확인하기 위해 스스로 점검할 날짜를 정하십시오.

성경공부는 **전달할 수 있어야** 합니다. 성경공부는 필히 다른 사람과 나눌 수 있는 내용으로 되어야 합니다. 성경공부의 축복을 혼자만 간직하지 말고 자신의 선교 사역에서 다른 사람을 돕는 일에 사용하십시오.

암송

성경은 곳곳에서 하나님께서는 우리가 그분의 말씀으로 우리 삶을 흠뻑 적시기 원하신다는 것을 보여 줍니다. 신구약 성경 모두 하나님의 말씀을 마음에 새기도록 명령하는데 이는 성경 암송을 통해서 가능합니다. "오늘날 내가 네게 명하는 이 말씀을 너는 마음에 새기고"(신명기 6:6). "내 명령을 지켜서 살며, 내 법을 네 눈동자처럼 지키라. 이것을 네 손가락에 매며, 이것을 네 마음 판에 새기라"(잠언 7:2-3). "그리스도의 말씀이 너희 속에 풍성히 거하여 모든 지혜로 피차 가르치며 권면하고, 시와 찬미와 신령한 노래를 부르며 마음에 감사함으로 하나님을 찬양하고"(골로새서 3:16). 성경은 우리가 하나님의 말씀을 암송해야 한다는 사실을 명확하게 말하기 때문에, 우리에게는 단지 순종이냐 불순종이냐의 선택만이 있을 뿐입니다.

성경 암송을 통해 우리는 배운 것을 100% 간직할 수가 있는데, 이는 그것을 마음속에 보존하고 있기 때문입니다. 성경 말씀을 섭취하는 방법 중에서 암송은 가장 어려운 방법이지만, 최대의 영적 이익을 가져다줍니다.

나는 지금까지 수십 년간 성경 암송을 해 왔는데, 이 암송은 나의 삶에 가장 큰 축복과 힘이 되었습니다. 누구나 암송을 원하면 암송을 할 수가 있지만, 거기엔 치열한 영적 싸움이 있습니다. 사람들은 암송을 못 하는 이유를 여러 가지 늘어놓는데, "성경 암송은 훈련하기에 너무 힘이 들고 시간이 많이 든다"라는 말이 아마 가장 진실한 이유일 것입니다. 예수 그리스도께서 진정으로 당신의 삶의 주님이십니까? 또, 당신은 예수님의 방식대로 살기로 헌신하였습니까? 만일 그것이 사실이라면 주님께서 원하시는 것을 행하려고 자신을 훈련해야 하며, 여기에는 성경 암송도 포함됩니다.

사탄은 그리스도의 제자인 우리가 하나님의 말씀을 암송하는 것을 원하지 않기 때문에, 우리로 온갖 핑곗거리를 만들게 할 것입니다. 궁극적으로, 이것은 우리의 우선순위가 무엇이냐 하는 문제에 달려 있습니다.

수십 년 전의 일입니다. 엠마 리드라는 부인을 만났는데, 그때 그 부인은 얼마 전에 성경 암송을 시작하여 **주제별 성경 암송(60구절)**[3]을 마친 때였습니다. 이 부인은 한 군데도 틀리지 않고 성경 구절을 암송하였으며 주제별 암송을 마친 후에도 스스로 하나님의 말씀을 계속 암송했는데 그 구절들 역시 한 군데도 틀리지 않고 암송하였습니다. 그런데 흥미로운 사실은 부인이 성경 암송을 시작할 때의 나이가 88세였다는 것입니다.

성경 암송의 유익. 암송의 유익점은 아주 많은데 그중 몇 가지만 들면 다음과 같습니다.

1. 성경 암송은 하나님께 대한 우리의 믿음과 신뢰를 증대시켜 줍니다. 이를 통하여 우리는 점점 더 하나님의 관점에서 삶을 바라보게 됩니다. 성경은 "너희 안에 이 마음을 품으라. 곧 그리스도 예수의 마음이니"(빌립보서 2:5)라고 했는데, 암송한 말씀은 우리가 삶을 살아갈 때 우리로 언제나 그리스도의 마음을 품게 해 줄 뿐만 아니라, 하나님의 인도와 지도 위에 우리의 믿음을 굳게 세워 줍니다.

로버트 포스터는 성경 암송에 대하여 다음과 같이 말했습니다. "성경 말씀을 암송하되, 단순히 머리에만이 아니라 가슴에도 새겨 두십시오. 이 둘은 엄청난 차이가 있습니다. 전자는 그 구절을 단순히 잘 외우는 것이라면, 후자는 그 말씀을 통해 마음이 새롭게 되고 변화를 받는 것입니다. 하나님의 말씀으로 우리 마음을 가득 채워 계속 깊이 묵상하는 습관을 기르십시오. 우리가 생각하고 묵상하는 것이 결국 구체적인 삶과 행동의 변화를 가져올 것입니다. 그러므로 계획을 세워 성경 속으로 들어가십시오. 그러면 성경이 내 속에 들어올 것입니다."

2. 성경 암송은 그리스도인의 영적 성장을 전반적으로 도와줍니다. 성경은 새 신자들에게 이렇게 말씀합니다. "갓난아이들같이 순전하고 신령한 젖을 사모하라. 이는 이로 말미암아 너희로 구원에 이르도록 자라게 하려 함이라"(베드로전서 2:2). 하나님의 말씀을 사모하는 이 열망은 우리로 믿음 안에서 계속 굳게 성장하도록 도와줍니다.

3. 성경 암송은 우리로 죄에 대하여 승리하도록 도와줍니다. 시편 기자는 "내가 주께 범죄치 아니하려 하여 주의 말씀을 내 마음에 두었나이다"(시편 119:11)라고 말했습니다.

4. 성경 암송은 우리를 깨끗하게 하는 효과가 있습니다. "청년이 무엇으로 그 행실을 깨끗케 하리이까? 주의 말씀을 따라 삼갈 것이니이다"(시편 119:9). 더러운 말과 행동을 가져오는 더러운 생각을 제거하려면, 암송한 말씀에 주의를 기울임으로써 깨끗한 생각으로 대체해야 합니다. 더러운 생각을 억누르기보다는 그것을 깨끗한 생각으로 대체하는 것입니다.

5. 성경 암송은 하나님의 말씀에 대한 지식을 증가시켜 주며, 삶을 위한 교리적 기반을 세워 줍니다. 암송은 우리가 살아가야 할 실제적인 방법을 제시해 줍니다.

6. 성경 암송은 하나님의 인도를 받는 데 유익합니다. 하나님

께서는 "내가 너의 갈 길을 가르쳐 보이고 너를 주목하여 훈계하리로다"(시편 32:8)라고 말씀하십니다. 하나님께서는 오늘날 그분의 말씀을 통하여 우리의 갈 길을 가르쳐 주십니다.

7. 성경 암송은 우리로 좀 더 효과적으로 기도할 수 있게 해 줍니다. 예수님께서는 이렇게 말씀하셨습니다. "너희가 내 안에 거하고 내 말이 너희 안에 거하면 무엇이든지 원하는 대로 구하라. 그리하면 이루리라"(요한복음 15:7). 암송한 말씀을 가지고 기도할 때 기도 생활은 더욱 향상됩니다. 기도에 관한 말씀들을 암송해 두면 우리로 기도하도록 격려해 주며, 또한 기도하는 법을 기억하도록 도와줍니다.

예수님께서는 제자들에게 이렇게 말씀하셨습니다. "지금까지는 너희가 내 이름으로 아무것도 구하지 아니하였으나, 구하라 그리하면 받으리니 너희 기쁨이 충만하리라"(요한복음 16:24). 요한일서에서는 이렇게 말씀합니다. "그를 향하여 우리의 가진 바 담대한 것이 이것이니 그의 뜻대로 무엇을 구하면 들으심이라. 우리가 무엇이든지 구하는 바를 들으시는 줄을 안즉 우리가 그에게 구한 그것을 얻은 줄을 또한 아느니라"(요한일서 5:14-15).

8. 성경 암송은 우리가 성경공부를 할 때 도와줍니다. 암송한 성경 구절을 통해 참조 성구를 얻습니다. 우리는 성경 말씀을 서로 연관시켜 말씀에 대한 이해를 향상시킬 수 있습니다.

9. 암송은 우리가 특정한 성경 본문을 찾는 데 도움을 줍니다. 중심 구절을 암송하고 있으면, 그 구절이 가르치는 교훈을 좀 더 자세히 살펴보기를 원할 때 원래의 성경 본문으로 쉽게 돌아갈 수 있습니다. 예를 들어 요한복음 14:21을 생각해 봅시다.

"나의 계명을 가지고 지키는 자라야 나를 사랑하는 자니, 나를 사랑하는 자는 내 아버지께 사랑을 받을 것이요, 나도 그를 사랑하여 그에게 나를 나타내리라." 이 구절을 알면 우리가 하나님의 명령을 순종하는 데 관한 가르침을 좀 더 공부하기 위해서 본문인 요한복음 14장으로 돌아갈 수가 있는 것입니다.

10. 성경 암송은 하나님의 말씀을 묵상하도록 도와줍니다. 하나님의 말씀을 암송하면, 암송한 말씀은 성령께서 이 말씀을 사용하여 우리 안에서 역사하실 수 있게 합니다. 우리가 무엇을 말하고 행해야 할지를 생각나게 해 주며, 또 여러 가지 방법으로 성령의 능력을 체험하게 해 줍니다. "이 율법책을 네 입에서 떠나지 말게 하며 주야로 그것을 묵상하여 그 가운데 기록한 대로 다 지켜 행하라. 그리하면 네 길이 평탄하게 될 것이라. 네가 형통하리라"(여호수아 1:8).

때때로 성경을 가지고 있지 않을 때, 암송한 구절은 묵상할 말씀을 제공하여 줍니다.

11. 성경 암송은 하나님께 예배하는 것을 도와줍니다. 암송한 구절과 관련 있는 주제나 그 구절이 포함된 본문에 관해 설교나 메시지를 들을 때, 설명을 들으면서 우리의 흥미는 더욱 증대되며 그 성경 본문을 더욱 잘 이해하게 됩니다.

또 개인적으로 하나님께 예배할 때, 암송한 시편의 찬양 구절들을 통해 하나님을 찬양할 수 있습니다(시편 8, 9, 100, 117, 145-150편 및 그 외 다수).

12. 성경 암송은 낭비하기 쉬운 시간을 유익하게 활용하도록 도와줍니다. 물건을 사거나 차를 기다릴 때와 같은 시간을 활용하여 암송을 할 수가 있습니다. 하나님의 말씀으로 채워진 마음

은 그러한 시간에 인내하며 화를 내지 않도록 도와줍니다.

13. 성경 암송은 우리로 다른 사람에게 본을 보일 수 있게 합니다. 신자와 불신자 모두 하나님의 말씀을 아는 사람에게는 도전을 받습니다. 그들은 그가 성경 말씀을 암송하기 위해 시간을 투자하고 있다는 것을 알게 되며, 그 사실을 기억합니다. 바울처럼 당신도 본을 보임으로써 다른 사람들을 격려하십시오. "너희는 내게 배우고 받고 듣고 본 바를 행하라"(빌립보서 4:9).

14. 성경 암송은 우리로 효과적으로 복음을 증거할 수 있게 해 줍니다. 사전에 아무 계획도 없이 즉석에서 복음을 증거해야 하는 경우가 자주 있기 때문에 우리는 하나님의 구원 계획과 이에 관한 핵심이 되는 성경 구절들을 알고 있어야 합니다. 예수 그리스도와 그 구원의 복음을 가장 잘 말해 주는 핵심 구절들을 암송하고 있으면 언제라도 복음을 전할 수 있는 준비가 된 것입니다. 예를 들면, 베드로는 오순절 날 요엘의 예언을 읽을 기회가 없었지만, 이미 그 구절들을 암송했기 때문에 수많은 무리에게 그 말씀들을 인용하며 설교할 수가 있었습니다(사도행전 2:14-21 참조).

나아가, 암송한 말씀은 우리의 믿음에 관하여 묻는 사람들에게 올바른 대답을 해 줄 수 있게 합니다. 베드로는 그리스도를 따르는 자들에게 이렇게 충고했습니다. "너희 속에 있는 소망에 관한 이유를 묻는 자에게는 대답할 것을 항상 예비하되"(베드로전서 3:15). 또한, 인쇄된 성경은 가지고 있지 않을 때도 있지만, 암송한 말씀은 그렇지 않습니다.

15. 암송은 다른 사람을 상담할 때 우리를 도와줍니다. 선지자 이사야는 이렇게 기록하였습니다. "주 여호와께서 학자의 혀를

내게 주사 나로 곤핍한 자를 말로 어떻게 도와줄 줄을 알게 하시고"(이사야 50:4). 암송한 말씀을 사용하여, 우리에게 나아오는 사람들을 상담("곤핍한 자를 도와주는 것")해 줄 수 있습니다. 성령께서는 각 사람에게 필요한 말씀을 우리에게 생각나게 해 주실 것입니다.

한번은 비행기를 탔는데, 옆에 그리스도인 신사가 앉았습니다. 몇 마디 인사말을 주고받은 뒤 그는 내게 "저는 하나님께서 제가 상담을 구할 수 있는 그리스도인을 제 옆에 앉게 해 주시도록 기도했답니다"라고 말했습니다. 그가 자신의 필요를 내게 말했을 때, 성령께서는 내가 암송한 몇 구절을 생각나게 해 주셨습니다. 이렇게 해서 나는 그의 문제에 관하여 상담해 줄 수 있었습니다.

16. 성경 암송은 사역을 도와줍니다. 설교를 하거나 가르치는 일에 관계하고 있는 사람은 누구나 가르치고자 하는 요지가 되는 성경 말씀을 인용할 수 있어야 합니다. 오순절 날의 베드로의 설교가 좋은 예입니다.

성경 암송의 일반적 지침. 다음의 지침을 따르면 암송한 것을 오래도록 간직할 수 있습니다.

1. 주초 및 아침에 새로운 구절을 암송하십시오. 신속히 그리고 정확하게 그 구절을 암송할 수 있도록 기도하십시오.

2. 항상 그 구절을 휴대하고 다니십시오. 조그만 지갑에 넣어서 가지고 다니는 것이 좋습니다. 그날 하루 동안 틈이 나는 대로 암송한 구절을 복습하고 새로운 구절을 암송하십시오. 약속 시간을 기다리며 복습할 수도 있고 학생이라면 쉬는 시간에 복습할 수도 있습니다.

3. 주제와 장절을 암송하십시오. 구절마다 기억하고 사용하

는데 도움이 되는 주제가 있습니다. 먼저 주제, 장절을 암송하고 첫 마디를 암송하십시오. 그다음에는 주제, 장절, 첫 마디를 암송하고 둘째 마디까지 암송하십시오. 이렇게 계속하면 그 구절을 전부 암송하게 됩니다. 내용을 전부 암송한 후에는 다시 장절을 반복하십시오.

4. 말씀을 완전하게 암송하려면 틀린 곳은 즉각 고치십시오.

5. 다른 사람에게 새로 암송한 구절을 점검해 달라고 부탁하십시오. 또, 친구에게 자신이 암송하고 있거나 복습 중인 구절을 점검해 달라고 하십시오.

6. 암송한 구절을 계속 반복해서 복습하십시오. 각 구절을 6주 동안 적어도 매일 한 번씩 복습하십시오. 그러면 마음 판에 깊이 새겨져 지워지지 않을 것입니다.

7. 주님의 일을 할 때, 암송하는 구절을 사용하십시오.

8. 이미 암송한 구절들에 대한 복습 체계를 세우십시오. 약 6일 동안 하루에 한 번씩 복습하십시오. 신속하고 정확하게 상기할 수 있을 만큼 많이 복습하십시오.

묵 상

하나님의 말씀을 섭취하는 마지막 방법은 묵상입니다(그림 3 참조). 하나님께서 인간의 손을 지으실 때 엄지손가락은 나머지 네 손가락과 닿을 수 있도록 하셨습니다. 이와 같이 '말씀의 손 예화'는 우리가 듣고 읽고 공부하고 암송한 것을 묵상한다는 사실을 보여 줍니다.

묵상이란 간단히 말하자면 마음에 간직하고 있는 것을 깊이 생각하는 것입니다. 이 성경 말씀이 나와 어떤 관계가 있으며 나의 매일의 삶에 어떻게 적용할 것인지를 이해할 때까지 성경 말씀을 깊이 생각하는 과정입니다.
　시편 1편에 보면, 악하고 죄 되고, 오만한 일을 행하지 않는 사람에게 축복이 약속되어 있습니다.

>　복 있는 사람은 악인의 꾀를 좇지 아니하며 죄인의 길에 서지 아니하며 오만한 자의 자리에 앉지 아니하고, 오직 여호와의 율법을 즐거워하여 그 율법을 주야로 묵상하는 자로다. 저는 시냇가에 심은 나무가 시절을 좇아 과실을 맺으며 그 잎사귀가 마르지 아니함 같으니 그 행사가 다 형통하리로다. (시편 1:1-3)

　성경은 하나님의 말씀을 묵상하는 사람은 축복을 받으며 번성하며 형통할 것이라고 분명하게 말합니다. 이는 실로 엄청난 영적 이익 배당입니다. 이와 같이 묵상은 매우 유익한 영적 훈련입니다.
　묵상을 할 때는 먼저 자신이 듣거나, 읽거나, 공부하거나, 암송한 구절을 가지고 마음속으로 곰곰이 생각합니다. 하나님께서 이 말씀을 통해 내게 가르쳐 주시고자 하는 것이 무엇인가? 특정 구절에 집중하면서 그 구절이 자신에게 주는 메시지가 무엇인지 깊이 생각해 봅니다. 하나님의 말씀을 묵상하는 몇 가지 방법을 다음에 제시합니다.
　1. 그 구절을 깊이 생각하면서(특히 그 구절이 자신과 개인적으로 관계될 때), 육하원칙(누가, 무엇을, 언제, 어디서, 왜, 어떻게)에 따라 이 구절에 대해 질문을 던져 보십시오.
　2. 묵상하고 있는 구절의 참조 구절을 생각하십시오. 그다음

마음속으로 그 두 구절의 가르침을 연관시켜 보십시오.

3. 경건의 시간이나 성경을 읽을 때 하나님께서 당신의 관심을 불러일으켜 주신 내용들에 대해 묵상하면서 기도하십시오. 이것은 어떻게 당신 삶의 일부가 될 수 있을까요?

4. 한 구절을 택하여 "오늘의 말씀"으로 삼아 그날 하루 동안 묵상하십시오. 이 말씀은 당신을 유혹으로부터 보호해 주는 방패가 될 것입니다.

5. 그 구절의 단어 하나하나를 강조하면서, 각각의 강조된 단어를 깊이 묵상하십시오. 예를 들어, 빌립보서 4:13("내게 능력 주시는 자 안에서 내가 모든 것을 할 수 있느니라")을 묵상한다면, 맨 먼저 **내게**, 그다음에 **능력**, 그다음에는 **주시는**, 이런 식으로 그 구절 전체를 한 단어씩 강조하면서 묵상하십시오.

* * *

주 예수 그리스도의 제자가 되기를 원하는 사람은 모든 방법, 즉 듣기, 읽기, 공부, 암송 및 묵상을 통해 하나님의 말씀을 정기적으로 섭취하는 데에 전적으로 자신을 드려야 합니다.

주:

1. 네비게이토 출판사에서는 예수 그리스도를 믿는 모든 이에게 도움을 주는 여러 가지 문답식 성경공부 교재를 출간하고 있습니다. 예를 들면, 새 신자를 위한 그리스도인의 확신 및 그리스도인의 생활 지침, 성장하는 제자들을 위한 그리스도인의 생활 연구(SCL) 및 그리스도의 제자가 되는 길(DFD), 좀 더 깊이 있는 성경 연구를 위한 예수 그리스도의 생애와 사역 및 그 외 다수가

있습니다.
2. 장별 성경공부 방법에 대해 잘 설명하는 책자로는 네비게이토 **성경공부 방법** (네비게이토 출판사)이 있습니다.
3. 효과적인 암송 과정으로 네비게이토 출판사의 **주제별 성경 암송**(60구절)이 있습니다. 이 주제들은 그리스도인의 매일의 삶 및 제자로서의 삶에 핵심적이며, 주님의 일을 하는 데도 여러 가지로 도움을 줍니다. 네비게이토 출판사의 소책자 시리즈 25, 26, 27번은 성경 암송 안내 책자로서 성경 암송 방법 및 이미 암송한 말씀을 복습하는 방법을 설명합니다.

제 7 장

전도의 삶

제자는 복음을 증거하려는 열망이 있으며,
분명하게 자신의 간증을 나누고,
점점 더 능숙하게 정기적으로 복음을 전한다.

제자는 언제나 복음을 전하며 변함없이 예수님을 증거합니다. 그는 언제나 자신의 믿음에 관해 묻는 자들에게 대답할 준비가 되어 있습니다(베드로전서 3:15 참조). 그는 언제라도 복음을 전할 수 있는 태세를 갖추고 있습니다.

생활 방식으로서의 전도

초대 교회 그리스도인들의 전도에는 다음과 같은 세 가지 특징이 있었습니다.

1. 그들은 드러내 놓고 예수 그리스도와 동일시했습니다. 그들은 어디서 무엇을 하든지 구세주이신 그리스도와 동일시하는 것을 부끄러워하지 않았습니다. "저희가 날마다 성전에 있든지

집에 있든지 예수는 그리스도라 가르치기와 전도하기를 쉬지 아니하니라"(사도행전 5:42).

2. 그들은 성령의 열매를 나타냈습니다. 그들의 삶에는 다른 사람들을 자신에게로 이끄는 요소가 있었습니다. 반대자를 포함하여 모든 사람들은 그들이 예수님과 함께 있었다는 사실을 알았습니다. "저희가 베드로와 요한이 기탄없이 말함을 보고 그 본래 학문 없는 범인으로 알았다가 이상히 여기며 또 그전에 예수와 함께 있던 줄도 알고"(사도행전 4:13). 우리가 예수님의 제자라는 것을 나타내 보이려면, 다른 사람을 구주 예수님께로 이끌 만한 매력적인 삶을 살아야 합니다.

3. 그들은 사람들을 그리스도께로 인도하기 위해 적극적으로 힘썼습니다. 이것이 바로 전도입니다. 스데반이 순교한 박해 직후 교회는 완전히 흩어졌습니다. 그러나 바로 이때 주목할 만한 일이 일어났습니다. 성경은 이렇게 말씀합니다. "때에 스데반의 일로 일어난 환난을 인하여 흩어진 자들이 베니게와 구브로와 안디옥까지 이르러 도를 유대인에게만 전하는데"(사도행전 11:19). 그중에 구브로와 구레네에서 온 몇 사람이 안디옥에 이르러 유대인이 아닌 사람들에게도 복음을 전파하였고 주님의 손이 그들과 함께하시니 수많은 사람이 믿고 주님께로 돌아왔습니다 (20-21절). 이들은 적극적으로 전도에 참여하여, 많은 전도의 열매를 거두었습니다.

전도는 제자삼는 사역의 관건이며, 모든 지속적인 사역의 최선봉이 되어야 합니다. 내가 참여한 모든 사역에서는 언제나 전도를 사역의 가장 중심에 두었습니다. 우리는 하나님께서 우리에게 주실 많은 영적 갓난아이들을 다루는 데 필요한 지혜를 그분이 공급해 주시리라 믿었으며, 결코 전도하는 일을 쉴 수 없었습니다.

내가 알고 있는 어떤 사람들은 그 해의 처음 3개월 동안은 전도하고, 나머지 9개월 동안은 전도 결과 그리스도를 믿은 사람들을 제자로 삼는 일에 보내기로 계획한 적이 있었습니다. 성경적인 방식은 전도와 제자삼는 일을 병행해 나가는 것입니다. 바울은 그가 그리스도께로 인도한 사람들을 양육하고 제자로 삼아 가면서, 또한 전도하는 것도 쉬지 않았습니다. 전도는 새로운 영혼을 사역 가운데로 인도해 오는 것입니다.

네비게이토 선교회의 간사인 에드 라이스가 영국 런던에서 선교할 당시, 하나님께서는 라이스에게 런던에 위치한 보험가에서 몇 사람에게 복음을 전할 수 있도록 해 주셨습니다. 그곳은 세계 최대의 보험 시장입니다. 에드는 점심시간을 이용하여 이웃 사람 몇 명과 함께 성경공부를 시작하였습니다. 몇 해가 지난 후 수백 명의 보험 중개인과 보험업자가 성경공부 및 근처의 성 헬렌 교회의 예배에 참석하게 되었습니다. 이는 모두 점심시간을 통하여 일어난 일이었습니다. 이 사역이 이처럼 발전할 수 있었던 이유는 과연 무엇이었을까요? 사람들이 꾸준히 복음을 들었기 때문입니다. 이 일을 시작한 사람들은 결코 전도에 대한 비전을 잃지 않았습니다.

당신 그룹에 속한 사람들을 통해 그리스도를 만난 사람들이 계속 당신의 그룹에 더해지고 있습니까? 마땅히 그렇게 되어야만 합니다. 전도는 제자들의 삶의 방식이라야 합니다.

간증의 중요성

성공적인 전도는 일반적으로 잘 준비된 간증으로부터 시작됩니다. 우리는 이 간증을 통하여 예수 그리스도께서 나의 삶에서 이루신 일들을 다른 사람들과 나누는 것입니다. '전도 폭발' 프로그램 참석자들은 실습 시간에 다음과 같은 것을 배우게 되는데, 이것은 간증과 복음을 전하기 위해 말문을 여는 데 효과적인 방법입니다.

"한 가지 여쭤 봐도 될까요?"

"네, 그러십시오."

"만일 당신이 오늘 밤 죽는다면 천국에 갈 것이라고 확신 있게 말할 수 있겠습니까?"

"아뇨, 전 그렇게 말할 수가 없어요."

"저도 한때는 어떻게 천국에 가는지 몰랐습니다. 그리고 그 누구도 그것을 확실히 알 수는 없을 것이라고 생각했지요. 그러나 그 후 저는, 자신이 천국으로 갈 것을 알고 있는 사람들을 만났습니다. 그 무렵 저도 하나님께서는 우리가 천국에 갈 수 있다는 사실을 우리에게 알려 주시기 위해 성경을 기록하셨다는 것을 알게 되었습니다. 성경에 '내가… 너희에게 이것을 쓴 것은 너희로 하여금 너희에게 영생이 있음을 알게 하려 함이라'라고 기록되어 있습니다."

"그것참, 매우 흥미 있군요."

"중요한 질문을 하나 더 해도 될까요? 당신이 오늘 밤 죽어서 하나님 앞에 섰는데, 하나님께서 당신에게 '내가 너를 천국에 들여보내야 하는 이유가 있느냐?'라고 물으신다면 뭐라고 대답하겠습니까?"

"저는 선한 삶을 살려고 상당히 노력했다고 대답하겠지요. 그것으로 천국에 들어갈 수 있으리라 생각합니다."

"다른 말로 하면, 당신이 십계명이나 또는 그와 같은 것을 그대로 지키면서 살려고 애썼기 때문에 하나님께서 당신을 천국으로 들여보내셔야 한다는 말씀이군요?"

"네, 바로 그겁니다."

"뭘 말씀하시는지 잘 알겠습니다. 당신이 저의 첫 질문에 대답하는 것을 듣고 당신에게 전해 줄 기쁜 소식이 있겠구나 하고 생각했는데, 마지막 대답을 들으면서 제가 당신에게 전해 줄 기쁜 소식이 있다는 것을 확실히 알게 되었습니다. 사실, 당신은 지금까지 살아오는 동안 한 번도 들어 보지 못했던 놀라운 소식을 듣게 됩니다. 제가 어떻게 영생을 얻은 것을 알게 되었는지, 그리고 당신도 어떻게 그것을 알 수 있는지 말씀드려도 되겠습니까?"

"네, 듣고 싶군요."

"저의 삶은…"

전도 수단으로서의 간증

다른 사람에게 효과적으로 복음을 전하려면, 예수 그리스도께서 우리 자신의 삶 속에 행하신 일을 그들과 나누어야 합니다. 지금 우리가 말하고 있는 복음이 실제로 역사한다는 첫째 증거는 바로 우리 자신입니다. 예수 그리스도와 개인적인 관계를 맺고 있지 않으면 아무도 전도를 할 수가 없습니다.

1957년, 나는 루이지애나주의 모건시에 머물면서 전도 집회의 상담자들을 훈련하였습니다. 모건시는 애팔라야강 유역에 자리 잡고 있으며, 멕시코만 연안의 석유 공업 중심지 중 하나로서 복음 전파를 위한 전략적 요충이었습니다. 나는 훈련생들에게 개인 간증을 사용하여 효과적이고도 선명하게 복음을 전하는 법을 배우도록 권면하였습니다. 그런데 놀랍게도 그중 98%가 다른 사람에게 전해 줄 간증이 없다고 했습니다. 그 이유를 분석한 결과, 그들은 간증을, 한 개인의 삶에 극적인 변화가 일어난 어떤 것으로 생각하고 있음을 발견했습니다. 그 후 나는 많은 사람들, 특히 어려서부터 기독교 가정이나 복음적인 교회를 배경으로 하여 성장한 사람들은 다른 사람과 나눌 만한 간증이 자신들에게는 없다고 느끼고 있음을 알게 되었습니다.

그러나 사실 우리는 모두 간증이 있습니다. 극적인 변화는 없을 수도 있지만, 그럼에도 불구하고 우리 모두에게는 변화가 있습니다. 하나님의 은혜가 한 생명에 와닿을 때, 거기에는 언제나 다른 사람과 나눌 만한 이야기가 있게 마련입니다.

'전도 폭발' 훈련을 할 때 참석자들은 각자 자신의 간증문을 써서 강사에게 검사를 받도록 되어 있었습니다. 간증에는 세 가지 기본 요소가 있습니다. 첫째, 구세주를 만나기 전의 나의 삶은 어떠했는가? 둘째, 예수 그리스도를 어떻게 알게 되었는가? 셋째, 믿은 후 예수님을 알아 가면서 얻은 축복은 무엇인가? 누구나 이와 같은 간증을 쓸 수 있어야 합니다.

당신은 예수 그리스도와의 만남에 대해 조리 있고 체계적으로 말할 수 있습니까? 많은 그리스도인들이 그렇게 하지 못하거나 또는 하기를 원치도 않습니다. 그러나 제자는 마땅히 그렇게 할 수 있어야 하며, 어디에 있든지 자신의 간증을 통해 예수 그리스도의 복음을 전할 수 있어야 합니다. 성장하는 제자는 우선적으로 전도에 드려져야 하는 것입니다.

성경에 있는 간증

성경에는 몇 개의 명료한 간증이 실려 있습니다. 바울의 설교 중 둘은 바로 그가 어떻게 예수 그리스도를 만났는지에 대한 설명입니다. 첫 번째 간증은 그를 죽이려고 했던 유대 군중에게 한 것이요, 두 번째 간증은 왕과 총독 앞에서 한 것입니다. 인상적인 방법으로 바울은 주님을 만나기 전의 자신의 삶이 어떠했는지부터 설명하기 시작했습니다.

> 내가 처음부터 내 민족 중에와 예루살렘에서 젊었을 때 생활한 상태를 유대인이 다 아는 바라. 일찍부터 나를 알았으니 저희가 증거하려 하면 내가 우리 종교의 가장 엄한 파를 좇아 바리새인의 생활을 하였다고 할 것이라.
>
> 나도 나사렛 예수의 이름을 대적하여 범사를 행하여야 될 줄 스스로 생각하고 예루살렘에서 이런 일을 행하여 대제사장들에게서 권세를 얻어 가지고 많은 성도를 옥에 가두며 또 죽일 때에 내가 가편 투표를 하였고, 또 모든 회당에서 여러 번 형벌하여 강제로 모독하는 말을 하게 하고 저희를 대하여 심히 격분하여 외국 성까지도 가서 핍박하였고. (사도행전 26:4-5,9-11)

그다음 바울은 실제로 어떻게 구주를 알게 되었는지를 이야기했습니다.

> 그 일로 대제사장들의 권세와 위임을 받고 다메섹으로 갔나이다. 왕이여, 때가 정오나 되어 길에서 보니 하늘로서 해보다 더 밝은 빛이 나와 내 동행들을 둘러 비추는지라, 우리가 다 땅에 엎드러지매 내가 소리를 들으니 히브리 방언으로 이르되, "사울아, 사울아, 네가 어찌하여 나를 핍박하느냐? 가시채를 뒷발질하기가 네게 고생이니라."
> 내가 대답하되, "주여, 뉘시니이까?"
> 주께서 가라사대, "나는 네가 핍박하는 예수라. 일어나 네 발로 서라. 내가 네게 나타난 것은 곧 네가 나를 본 일과 장차 내가 네게 나타날 일에 너로 사환과 증인을 삼으려 함이니, 이스라엘과 이방인들에게서 내가 너를 구원하여 저희에게 보내어 그 눈을 뜨게 하여, 어두움에서 빛으로 사단의 권세에서 하나님께로 돌아가게 하고, 죄 사함과 나를 믿어 거룩케 된 무리 가운데서 기업을 얻게 하리라" 하더이다. (사도행전 26:12-18)

마지막으로, 바울은 청중들에게 주님을 믿은 이후의 자신의 현재 삶에 대해 말했습니다.

> 아그립바왕이여, 그러므로 하늘에서 보이신 것을 내가 거스리지 아니하고 먼저 다메섹에와 또 예루살렘에 있는 사람과 유대 온 땅과 이방인에게까지 회개하고 하나님께로 돌아가서 회개에 합당한 일을 행하라 선전하므로 유대인들이 성전에서 나를 잡아 죽이고자 하였으나, 하나님의 도우심을 받아 내가 오늘까지 서서 높고 낮은 사람 앞에서 증거하는 것은 선지자들과 모세가 반드시 되리라고 말한 것밖에 없으니, 곧 그리스도가 고난을 받으실 것

과 죽은 자 가운데서 먼저 다시 살아나사 이스라엘과 이방인들에게 빛을 선전하시리라 함이니이다.(사도행전 26:19-23)

당신의 간증은 당신이 그리스도와 복음에 대하여 이야기할 때 신뢰와 권위를 줍니다. 초대 교회에서 이에 대한 훌륭한 예를 찾아볼 수 있습니다. 베드로와 요한은 기도하러 예루살렘 성전에 갔는데 거기서 나면서부터 앉은뱅이인 사람을 고쳤습니다. 그들은 이 사건으로 인해 모인 군중에게 설교한 후 체포되어 산헤드린 공회 앞에 불려 나갔습니다(사도행전 4:13-14 참조).

여기서 주목할 만한 두 가지 사실을 볼 수 있는데, 하나는 산헤드린 공회원들은 베드로와 요한이 예수님과 함께 있었던 줄을 알았다는 것이요, 또 하나는 전에 앉은뱅이였던 사람의 나은 모습을 직접 보고 또 그의 증거도 들었기 때문에 할 말이 없었다는 것입니다. 두 사람의 용기 있는 삶의 간증과 한 사람의 변화된 삶의 간증은 실로 능력이 있었습니다.

산헤드린은 이 두 사람 베드로와 요한을 위협한 후에 놓아주었습니다. 베드로와 요한은 돌아가서 기도했는데, 그들이 간구한 내용을 주목하십시오. "주여, 이제도 저희의 위협함을 하감하옵시고, 또 종들로 하여금 담대히 하나님의 말씀을 전하게 하여 주옵시며"(사도행전 4:29). 담대함은 당황하거나 두려워하지 않고 거리낌 없이 말할 수 있게 해 줍니다. 그리스도인에게 담대함이란 예수 그리스도에 대해 이야기하는 것을 부끄러워하지 않는 것을 뜻합니다. 베드로와 요한은 예수 그리스도의 복음을 담대히 전할 수 있게 해 달라고 기도하고 있었습니다. 우리도 역시 담대히 주 예수 그리스도를 증거하고 간증할 수 있도록 기도해야 합니다.

하나님께서 주시는 담대함은 우리로 어느 누구와도 우리의 간증을 나누며 그들에게 복음을 전할 수 있게 해 줍니다.

하나님께서는 베드로와 요한의 기도에 즉시 응답하셨습니다. "빌기를 다하매 모인 곳이 진동하더니 무리가 다 성령이 충만하여 담대히 하나님의 말씀을 전하니라"(사도행전 4:31). 그들은 밖으로 나가 성령의 능력 안에서 예수님을 증거했습니다. 성령께서는 우리가 효과적으로 증거하고 간증을 나눌 수 있게 해 주십니다.

잘 전달된 간증은 사람들에게 큰 영향을 줄 수 있습니다. 내가 출석하는 교회에서는 대개 주일 저녁 예배 시간에 교인 중에서 간증할 사람을 청하여 간증을 듣습니다. 당신은 어떻습니까? 다른 사람을 그리스도께로 인도할 수 있는 이런 매력적인 간증을 나눌 수 있겠습니까?

체계적인 전도 방법의 중요성

당신이 간증을 나눈 그 사람이 계속 관심을 보이면, 그가 예수 그리스도의 구원의 지식에 이를 수 있도록 성경을 사용하여 간단하게 복음을 소개하십시오. 이를 위해서는 복음을 명확하게 전하기 위한 체계적인 방법이 필요합니다.

체계적인 전도 방법의 유익점

이러한 체계적인 전도 방법을 사용하면, 복음을 조리 있게 소개하는 데 다음과 같은 몇 가지 유익을 줍니다.

1. 언제라도 복음을 전할 수 있게 해 줍니다. 복음을 소개하는 방법을 하나 택하여 그 요점 및 핵심 성경 구절들을 익히십시오. 이렇게 하면 당신은 예수 그리스도를 알기 원하는 모든 사람에게 언제든지 대답해 줄 수 있게 됩니다.

2. 복음의 요점을 빠뜨리지 않고 차례로 전할 수 있게 해 줍니다. 상대방이 예수 그리스도께 나아오는 데 필요한 핵심 내용을 다 전달할 수 있게 됩니다.

3. 전도의 방향을 잡아 주는 역할을 합니다. 복음을 듣고 있는 상대방이 갑자기 곁길로 벗어나더라도, 체계화된 방법을 가지고 있으면 그 문제를 다룬 후 본래의 위치로 되돌아올 수가 있습니다.

애리조나 주립대학교에서 복음을 전하기 시작했을 때의 일입니다. 한번은 어떤 학생에게 죄에 대해 이야기했더니, 그는 "저는 죄 따윈 믿지 않습니다"라고 말했습니다.

그래서 나는 이렇게 이야기했습니다. "참 재미있군요. 학생이 지난 두 시간 동안 생각한 것을 대형 스크린 위에 비친다면 어떨까요? 남들에게 보여 주고 싶을까요?"

그는 "아뇨, 절대 보이고 싶지 않습니다"라고 대답했습니다.

나는 다시 물었습니다. "왜 안 됩니까?" 그는 궁지에 몰렸고 대답을 하지 않았습니다. 그는 자신이 악하고 죄 된 생각들을 했다는 것을 알게 되었습니다.

그래서 나는 다시 우리가 죄인이라는 사실로 돌아와 죄의 형벌에 관해 설명하기 시작했습니다. 체계적인 전도 방법은 다시 제 길로 돌아와 하나님께서 주시는 구원에 대하여 성경이 가르치는 바를 전할 수 있게 해 주었습니다.

4. 다른 사람에게 그리스도를 전하는 방법을 가르쳐 주는 데 효과적입니다.

체계적인 전도 방법의 예

영적으로 어린 그리스도인이었던 시절, 나는 복음을 간단하게 소개하는 방법을 배워 가장 친한 친구를 그리스도께로 인도할 수 있었습니다. 체계적인 전도 방법은 여러 가지가 있습니다. 여기서는 그중 두 가지만 살펴보기로 하겠습니다.

6D. 이것은 복음의 여섯 가지 주요 내용 및 해당 성경 구절로 된 것으로, 아주 간단한 방법입니다. 나는 오랫동안 이 방법을 효과적으로 사용해 왔습니다.

1. 병(Disease). 우리는 모두 죄라는 병에 걸려 있다. 이것은 이 세상에 있는 모든 인간에게 엄연하고도 반박할 수 없는 사실이다. 로마서 3:10-18,23.

2. 사망(Death). 죄는 사망으로 인도한다. 사망은 죄에 대한 형벌이다. 로마서 5:12, 6:23.

3. 심판(Decree). 하나님은 의롭고 거룩하시기 때문에 우리의 죄를 묵과하실 수 없다. 누군가가 이 죄의 형벌을 받아야만 한다. 히브리서 9:27, 출애굽기 34:6-7.

4. 구원자(Deliverer). 누군가가 우리가 받아야 할 죄의 형벌을 대신 받았으며, 죄와 죄의 형벌로부터 우리를 구원해 내셨다. 그는 바로 예수 그리스도이시다. 예수 그리스도께서 이미 갈보리의 십자가 위에서 이 죄의 형벌을 대신 받으셨다. 로마서 5:8, 이사야 53:6, 베드로전서 2:24.

5. 선언(Declaration). 그러나 성경은 우리의 노력으로는 이

구원을 얻을 수 없다고 선언한다. 구원은 그것을 믿음으로 받아들이는 자들에게 주시는 하나님의 은혜의 선물이기 때문이다. 구속은 전적으로 값없이 주어진 은혜이다. 에베소서 2:8-9, 디도서 3:5, 로마서 3:24.

6. 구원(Deliverance). 우리가 자신을 그리스도께 내맡기는 기도를 함으로써 예수 그리스도를 우리 삶 속에 영접할 때 우리는 구원을 받는다. 요한계시록 3:20, 요한복음 1:12, 로마서 10:9-10.

성경이 가르치는 내용을 이해하고 믿음으로 그리스도를 영접했으면, 하나님께서 진실로 자신을 구원해 주셨다는 것을 믿어야 합니다. 그러므로 성공적인 복음 소개는 예수님을 영접한 사람에게 구원의 확신에 관한 성경 말씀을 몇 구절 전해 줌으로써 끝맺는 것입니다. 구원의 확신에 관한 성경 구절로는 요한복음 5:24, 요한일서 5:11-13, 요한복음 10:28, 히브리서 7:25, 디모데후서 1:12이 있습니다.

다리 예화. 또 하나의 효과적인 복음 소개 방법은 현재 네비게이토 선교회에서 사용하는 다리 예화입니다.[1] 나는 군대에서 선교할 당시, 간이식당에서 자주 탁자 위의 냅킨에다 이 다리 예화를 그려 가며 군인들에게 복음을 전했습니다. 몇 년 전 어떤 사람과 이야기를 하는데, 갑자기 그는 지갑에서 얄팍하고 닳은 냅킨 조각을 꺼내는 것이었습니다. 그가 이렇게 물었습니다. "이것을 기억하십니까?" 그것은 몇 년 전 내가 그에게 그려 준 다리 예화였습니다. 그는 그날 밤 그리스도를 영접했고, 계속 이 사실을 상기하기 위해 이 냅킨 조각을 휴대하고 다녔다는 것이었습니다.

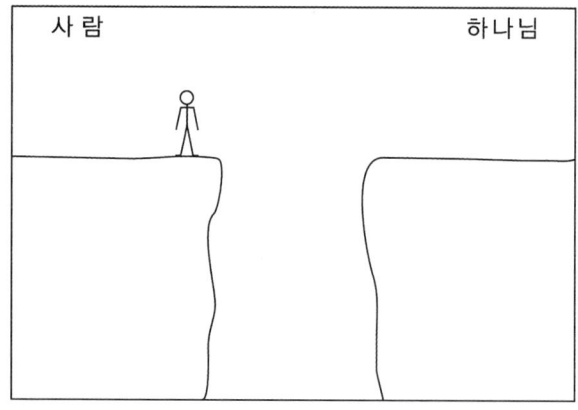

그림 4 다리 예화

지금부터 이 예화를 소개하는 순서를 살펴보겠습니다(그림 4와 5 참조). 먼저 그림 4를 그린 다음, 거기에다 단계적으로 복음의 요점과 해당 성경 구절을 기록해 나갑니다. 그림 5는 완성된 모습입니다. 이 방법을 철저히 익혀 두면 아주 훌륭한 전도 도구가 될 것입니다.

1. 맨 먼저 그림 4처럼 오른쪽 위에 하나님, 왼쪽 위에 사람이라고 씁니다. 그다음 하나님과 사람 사이에 간격이 있도록 두 낭떠러지를 그립니다. 왼편에 사람의 모습을 조그맣게 그릴 수도 있습니다.

2. "하나님은 어떤 분이십니까?" 하고 물으면서 동시에 이 질문을 기록하십시오. 그리고 그 밑에 대답을 적으십시오(그림 5 참조). 상대방에 따라 필요하다면 다음과 같이 질문을 하십시오. "하나님은 거룩하시다고 생각합니까? 아니면 거룩하지 않

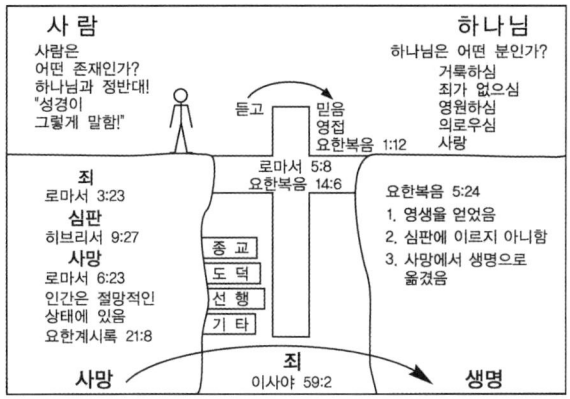

그림 5 다리 예화

다고 생각합니까?" "하나님은 죄가 있습니까? 또는 없습니까?" "하나님은 유한한 분입니까? 혹은 영원하신 분입니까?" "하나님은 사랑이 많은 분입니까? 아니면 미움이 가득 차 있는 분입니까?"

3. 그다음, "사람은 어떤 존재입니까?" 하고 물으면서 이 질문을 적으십시오. 정직한 사람이라면 사람이 하나님과 정반대임을 인정할 것입니다. 과거의 역사 및 현 사회가 사람은 거룩하지 않으며, 죄인이며, 유한하며, 미움으로 가득 차 있다는 것을 보여 줍니다. (이 밖에도 당신이 열거한 하나님의 속성과 반대 되는 것들을 포함합니다.)

여기까지는 성경을 사용하지 않습니다.

4. 이제, 성경에 나타난 인간에 관한 네 가지 사실을 말하십시오. 그림의 '사람' 쪽에 그 요점을 성경 구절과 함께 간단히 적으십시오(그림 5 참조). 상대에게 로마서 3:23("모든 사람이 죄를 범하

였으매 하나님의 영광에 이르지 못하더니")을 읽게 하십시오.

성경은 또한 죄에 대한 심판이 있다고 말합니다. 히브리서 9:27("한 번 죽는 것은 사람에게 정하신 것이요, 그 후에는 심판이 있으리니")을 읽게 하십시오. 이 죄에 대한 형벌로 사람에게는 심판이 있다고 말해 주십시오.

로마서 6:23("죄의 삯은 사망이요")을 읽게 하십시오. 심판의 결과는 사망입니다. 이 사망이란 하나님으로부터의 영원한 분리입니다.

그다음 요한계시록 21:8("그러나 두려워하는 자들과 믿지 아니하는 자들과 흉악한 자들과 살인자들과 행음자들과 술객들과 우상 숭배자들과 모든 거짓말하는 자들은 불과 유황으로 타는 못에 참예하리니 이것이 둘째 사망이라")로 결론을 맺으십시오.

그 결과, 인간은 자신의 죄가 자신을 하나님으로부터 분리시켰기 때문에 사망 가운데서 살고 있습니다. "오직 너희 죄악이 너희와 너희 하나님 사이를 내었고 너희 죄가 그 얼굴을 가리워서 너희를 듣지 않으시게 함이니"(이사야 59:2).

5. 인간이 분리된 간격을 건너 하나님께로 가기 위해 다리를 놓으려고 노력하는 것으로는 어떤 것이 있는지 물어보십시오. 선행, 도덕("난 도덕적인 삶을 살려고 열심히 노력하고 있습니다"), 종교("나는 교회에 나가고 있습니다"), 자선, 기타 등등. 상대방이 대답하지 않는 경우, 당신이 위의 내용들을 제시할 수도 있습니다. 요점을 사람과 하나님 사이의 빈틈에 적으십시오(그림 5 참조). 그리고 이 노력이 모두 하나님과 사람 사이에 다리를 놓기에는 부족하다는 것을 지적하십시오. 에베소서 2:8-9("너희가 그 은혜를 인하여 믿음으로 말미암아 구원을 얻었

나니 이것이 너희에게서 난 것이 아니요 하나님의 선물이라. 행위에서 난 것이 아니니 이는 누구든지 자랑치 못하게 함이니라")을 읽게 하십시오. 이렇게 하는 목적은 인간은 자기의 노력을 통해서는 하나님께 이를 수가 없다는 사실을 보여 주기 위한 것입니다.

6. 하나님께서 자신과 인간 사이의 분리된 간격에 다리를 놓기 위해 하신 일을 나타내는 상징으로서 십자가를 그리십시오. 로마서 5:8("우리가 아직 죄인 되었을 때에 그리스도께서 우리를 위하여 죽으심으로 하나님께서 우리에게 대한 자기의 사랑을 확증하셨느니라")을 읽게 하십시오. 십자가만이 하나님께로 건너갈 수 있는 유일한 길임을 강조하십시오. 그다음, 요한복음 14:6("예수께서 가라사대, '내가 곧 길이요 진리요 생명이니 나로 말미암지 않고는 아버지께로 올 자가 없느니라'")을 보여 주십시오.

7. 분리된 간격을 실제로 건너는 데 필요한 두 가지 요소를 지적하십시오. 하나님의 구원의 말씀을 듣고, 그것을 개인적으로 믿어야, 곧 예수님을 영접해야 합니다. 요한복음 1:12("영접하는 자 곧 그 이름을 믿는 자들에게는 하나님의 자녀가 되는 권세를 주셨으니")을 읽으십시오. 이것은 매우 중요합니다. 한 사람이 하나님 쪽으로 건너가기 위해서는, 즉 구원을 얻기 위해서는 구원의 메시지를 듣고, 그것을 믿어, 예수 그리스도를 자신의 구주와 주님으로 영접해야 합니다.

8. 요한복음 5:24("내가 진실로 진실로 너희에게 이르노니, 내 말을 듣고 또 나 보내신 이를 믿는 자는 영생을 얻었고, 심판에 이르지 아니하나니, 사망에서 생명으로 옮겼느니라")을 읽게

하십시오. 세 가지 엄청난 결과를 여기에서 보여 줍니다. 복음을 듣고 믿어서 예수님을 자신의 삶에 영접한 사람은 영생을 얻었고(현재 소유하고 있음), 심판에 이르지 아니하며(이젠 더 이상 정죄의 두려움이 없음), 사망에서 생명으로 옮겼습니다. 그는 자신의 죄를 위해 십자가에 달리신 예수 그리스도의 죽음 덕분에 이러한 것들을 얻게 된 것입니다.

이제 복음 소개의 결론 부분에 이르렀습니다. 상대방에게 "당신은 지금 어디에 있습니까?" 하고 물어보십시오. 이 질문은 상대방에게 자신이 지금 어디에 있는지, 즉 하나님 쪽에 있다고 생각하는지 아니면 사람 쪽에 있다고 생각하는지 판단할 기회를 줍니다. 아직 사람 쪽에 있어서, 여전히 절망적인 상태에 있을 수도 있습니다. 스스로의 노력으로 그 간격을 건너려고 노력해 왔을지도 모릅니다. 또는, 이제 복음을 들었으니 다리를 반쯤 건너왔다고 생각할지도 모릅니다. 아무튼 그는 어디엔가 있을 것입니다.

마지막 단계

어떤 전도 방법을 사용하든지, 복음을 듣는 상대방이 단지 복음의 내용이나 또는 자신이 지금 하나님과의 관계에서 어디에 있는지만 알게 하고 끝내서는 안 됩니다. 그가 결단을 내리도록 이끌어야 합니다. 그 결단이 그리스도를 구주와 주님으로 믿고 영접하는 것일 수도 있고 아닐 수도 있습니다.

많은 그리스도인이 다른 사람에게 그리스도를 전할 때 종종 그리스도를 영접하게 하는 단계에서 문제가 생깁니다. 제자는 추수하는 법, 말하자면 상대방이 그리스도를 자기의 구주와 주님으로 영접하는 단계를 통과하도록 이끄는 법을 알아야 합니다.

우리는 복음을 전할 때, 상대방이 다음 네 가지 기본 사항을 분명히 이해하도록 해 주어야 합니다.

1. 그는 자신이 죄인임을 인정해야 한다.
2. 그는 반드시 심판이 있으며, 죄에 대하여 사망이라는 영적인 형벌이 있음을 알아야 한다.
3. 그는 예수 그리스도께서 이 땅에 오셔서 자신의 죄를 위해 십자가에서 죽으셨음을 믿어야 한다.
4. 그는 자신의 죄를 회개하고 예수 그리스도만을 믿고 의지해야 함을 알아야 한다.

"지금까지 말씀드린 것이 이해가 갑니까?" 하고 물어보십시오. 상대방이 이해가 간다고 대답하면, 이제 이 사실에 대해 그가 어떻게 할 생각인지 물어보십시오. "당신은 이 영생의 선물을 받고 싶습니까?" 상대방이 "예"라고 대답하면, 죄를 시인하고 예수 그리스도를 믿고 영접하여 영생을 얻는 기도를 하도록 이끄십시오. 반면, "아니요"라고 대답하면, 복음의 요점을 다시 복습하든지, 또는 인생의 무상함과 예수 그리스도를 모를 때 일어나는 일 등을 함께 생각해 보십시오.

내가 사용해 온 '추수'를 위한 또 하나의 접근 방법은 요한복음 14:14("내 이름으로 무엇이든지 내게 구하면 내가 시행하리라")을 찾아서 읽고, 예수님께 무엇을 구하고 싶은지 물어보면서 그 대답을 기록하는 것입니다. "당신의 죄가 용서되었음을 알고 싶습니까? 당신의 삶이 하나님을 영화롭게 하기를 원하십니까? 당신은 영원한 생명을 소유하고 싶습니까?" 상대방이 하나님으로부터 얻고 싶어 하는 것을 대여섯 가지 정도 적어 봅니다.

그다음 묻습니다. "당신은 지금 이것을 얻기 위해 기도하지 않겠습니까? 예수님은 우리가 자기 이름으로 이것을 구하면 주신다고 약속하십니다." 그리고 다음과 같이 기도합니다. "하나님, 저는 죄인임을 시인합니다. 예수님께서 저를 사랑하셔서 저의 죄를 대신 지고 십자가에 못 박혀 죽으시고 부활하신 사실을 믿고 감사드립니다. 이제 예수님을 저의 구주로 믿고 제 마음에 모셔 들입니다. 제 마음에 들어오셔서 제 삶을 인도해 주옵소서. 예수님의 이름으로 기도합니다. 아멘." 이게 바로 추수하는 것입니다.

* * *

예수 그리스도의 참된 제자는 반드시 전도를 해야 합니다. 전도를 하지 않으면 제자가 아니며, 여전히 제자의 삶의 중요 영역에서 성숙하지 못한 초신자입니다. 다른 사람에게 복음을 전하지 않으면 제자가 될 수 없습니다.

주:
1. 네비게이토 출판사에서 전도용으로 만든 하나님의 선물인 영생, 생명에 이르는 다리, 생명의 다리는 이 다리 예화 전도법을 설명하고 있습니다.

제 8 장
교회 생활

제자는 하나님께 예배하고 자신의 영적 필요를 채우며
다른 지체들을 섬기기 위해 정기적으로 교회에 출석한다.

교회사를 살펴보면, 혼란과 타락과 부패의 시기가 있었던 것을 볼 수 있습니다. 그러나 하나님은 전 역사를 통하여 충성된 제자들을 남겨 두셨습니다. 수백 년 전과 마찬가지로 오늘날에도 성경은 모든 그리스도의 제자들에게 지상사명의 성취를 위해 교회에 참여하도록 부르고 계십니다.

예수님께서 제자들에게 "너희는 나를 누구라 하느냐?"라고 물으실 때 교회에 대한 신약성경 최초의 언급이 있었습니다. 베드로는 이때 위대한 신앙 고백을 했습니다.

시몬 베드로가 대답하여 가로되, "주는 그리스도시요, 살아계신 하나님의 아들이시니이다." 예수께서 대답하여 가라사대, "바요나 시몬아, 네가 복이 있도다. 이를 네게 알게 한 이는 혈육이 아니요, 하늘에 계신 내 아버지시니라. 또 내가 네게 이르노니

너는 베드로라. 내가 이 반석 위에 내 교회를 세우리니 음부의 권세가 이기지 못하리라."(마태복음 16:16-18)

예수님께서는 제자들에게 땅끝까지 복음을 전파하는 사명을 부여하셨습니다. 이 지상사명의 핵심부에 교회가 자리하고 있다는 것은 의심할 여지가 없습니다. 이는 예수님께서 세우신 교회가 지금도 여전히 주님께서 주신 사명을 수행하는 일을 적극적으로 담당하고 있기 때문입니다.

지상사명의 핵심 전략은 제자를 삼는 것입니다. 이것은 한 사람이 예수 그리스도께로 돌아와서, 교회의 살아 있는 교제와 진실한 그리스도인의 모임 가운데로 인도되고, 또 얼마가 지난 후 그 사람 역시 재생산하는 그리스도인이 되는 계속적인 과정입니다. 이것은 거의 이천 년 동안이나 계속되어 오고 있으며, 오늘날 교회의 주된 과제이며, 또한 모든 제자들이 참여해야 하는 과제이기도 합니다.

신약성경의 교회

하나님의 백성은 모든 시대에 걸쳐 하나입니다. 즉 하나님을 믿는 자들입니다. 그들은 구약시대에는 메시야를 기다렸고, 신약시대에는 메시야이신 예수님을 구주와 주님으로 믿었습니다. 그러나 신약의 교회는 특히 예수님의 것입니다. 이는 예수님께서 교회를 세우신 분이시며, 또한 베드로의 신앙고백과 같은 진리 위에 지금까지 교회를 세워 오셨기 때문입니다.

예수님께서 부활하시고 승천하실 당시에 주님을 믿는 신자가 500명이 넘게 있었습니다(고린도전서 15:6 참조). 이들은 전적으로 복음 전파하는 일에 헌신되고, 주님의 명령에 절대적으로 순종하는 사람들이었습니다. 예수님께서는 그들에게 성령의 강림을 기다리라고 말씀하셨는데, 성령은 그들에게 주님의 명령을 행할 수 있는 능력을 주실 분이었습니다.

약속하신 성령은 오순절 날 그들에게 임하였습니다(사도행전 2장 참조). 기다리고 있던 제자들은 성령으로 충만하여져서 하나님의 놀라운 일을 말하였는데, 예루살렘을 방문한 수많은 사람들은 각 사람의 출신 지역 방언으로 듣게 되었습니다. 곧바로 제자들은 복음을 증거하기 시작했고, 지중해와 근동의 여러 나라에서 온 유대인들이 제자들의 말을 듣고 이해했습니다.

제자들의 전도는 매우 효과적이어서, 3,000명이 신앙을 고백하는 결과를 가져왔습니다. 이 새 신자들은 세례를 받고, 자신을 교회와 동일시하며, 이미 믿은 자들의 교제에 참여하게 되었습니다.

여기서 주목해야 할 중요한 것은, 그리스도의 제자인 우리에게 부여된 복음 전파 임무는 이것이 새로 믿은 자들을 신자들의 지역적 모임에 관계하도록 하지 않으면 그 목표에 도달할 수 없다는 것입니다. 새 그리스도인들은 반드시 지역 교회에 참여해야 합니다. 이는 신자들의 모임을 영적 성장을 위한 영양분의 공급원으로 삼을 수 있도록 하기 위한 것입니다.

새로 믿은 자들이 교회에 참여하자마자 그리스도인으로서의 생활 훈련이 시작되었습니다. 사도행전 2:42-47에서는 그들의 훈련 과정을 다음과 같이 기록하고 있습니다.

- 교회 지도자들의 가르침을 받았다.
- 성도의 교제에 참여했다.
- 다른 신자들과 함께 친교를 나누었다.
- 기도하는 법을 배워 열심히 기도했다.
- 사도들이 설교를 하거나 기적을 행하는 것을 지켜보았다.
- 물질적인 면에 대해 서로 책임을 깨닫고 모든 물건을 공동으로 소유했다.
- 궁핍한 사람들에게 나눠 주는 일에 후했다.
- 예배를 목적으로 매일 성전에 모였다.
- 집에 모여서 함께 음식을 먹었다.
- 하나님께서 자신들을 위해 하신 일들에 대해 하나님을 찬양했다.
- 예루살렘에 있는 사람들에게 선한 간증을 보였다.

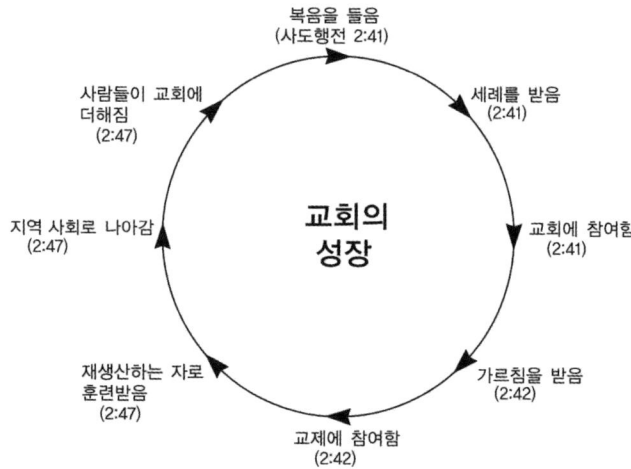

그림 6 교회 성장의 순환

- 구원받는 사람을 날마다 더하여 주시는 하나님의 능력을 증거했다.

얼마 후 새로이 예수 그리스도를 믿은 사람들도 그리스도의 증인이 되어 교회의 일에 함께하게 되었습니다. 즉 전도를 하고 제자를 삼는 전 과정을 재연함으로써 그리스도의 지상사명을 수행하는 일에 참여하였습니다. 앞에서 제시한 그림 6은 이러한 전 과정을 잘 보여 주고 있습니다.

미국의 어느 교단에서는 1년 동안 단 한 명의 결신자도 얻지 못한 교회가 약 2,000개나 되었습니다. 또 어떤 교단에서는 1,000개 이상의 교회가 그 해에 결신자가 아무도 없었습니다. 우리가 사도행전을 통하여 알 수 있는 것은 초대 교회는 교회의 임무가 밖으로 나가 복음을 전하고 제자를 삼는 것임을 아주 잘 알고 있었다는 사실입니다. 교회가 이 일을 하고 있지 않으면 그 교회는 하나님께서 의도하신 바를 행하고 있지 않는 것이며, 그 교회의 제자들은 교회 본연의 사역에 참여하지 않고 있다고 할 수 있는 것입니다.

교회 성장에 관한 권위자인 버질 거버는 다음과 같이 말했습니다. "신약성경에서 전도는 복음을 가지고 사람들에게 나아가는 것으로, 혹은 복음을 선포하는 것으로, 혹은 복음에 대해 공적인 신앙고백을 하는 것으로, 혹은 새로 결신한 자들을 세례와 가르침을 통해 교회에 연결시키는 것으로 끝나는 것이 아닙니다. 전도의 목표는, 새로운 결신자들이 이 순환 과정을 완성하고 전도의 계속적 과정과 교회 성장의 기초가 되는 재생산하는 그리스도인이 될 때 비로소 성취되는 것입니다. 그러므로 신약성경에서 전도의 최종 목표는 두 가지입니다. 하나는 신실하고 재생산하는 그리스도인을 만드는 것이요, 또 하나는 신실하고 재생산하는 회중을 만드는 것입니다."

단 한 세대 만에 예수 그리스도의 교회는 로마 제국의 전 지역으로 침투해 들어갔음을 역사는 말해 주고 있습니다. 복음은 계속 전파되고 있었고, 사람들은 예수 그리스도께서 그들의 구주와 주님이심을 알게 되었으며, 곳곳에 지역 교회들이 세워졌습니다. 다음 세대에 교회는 로마 제국 내에서 훨씬 더 급격하게 성장하였습니다.

사도 바울이 골로새 성도들에게 쓴 골로새서에서는 이러한 교회 성장의 몇 가지 증거를 구체적으로 보여 줍니다. 교회가 얼마나 놀랍게 성장하고 있는지를 잘 알 수 있습니다.

> 우리가 너희를 위하여 기도할 때마다 하나님 곧 우리 주 예수 그리스도의 아버지께 감사하노라. 이는 그리스도 예수 안에 너희의 믿음과 모든 성도에 대한 사랑을 들음이요, 너희를 위하여 하늘에 쌓아 둔 소망을 인함이니, 곧 너희가 전에 복음 진리의 말씀을 들은 것이라. 이 복음이 이미 너희에게 이르매, 너희가 듣고 참으로 하나님의 은혜를 깨달은 날부터 너희 중에서와 같이 또한 온 천하에서도 열매를 맺어 자라는도다. (골로새서 1:3-6)

주후 1세기의 순교자인 유스티누스는 당시의 교회에 대해 이렇게 말했습니다. "야만인이든 헬라인이든, 성에서 살고 있는 도시인이든 천막에서 살고 있는 유목민이든, 무슨 이름으로 부르든지 간에, 십자가에 못 박히신 예수 그리스도의 이름으로 말미암아 만유의 창조주이신 하나님 아버지께 기도와 감사를 드리지 않는 족속은 단 하나도 없습니다."

교부인 테르툴리아누스(주후 160-220)는 이렇게 기록하였습니다. "우리는 비록 얼마 되지는 않았지만 지금 당신들의 모든 곳, 즉 성, 요새, 섬, 마을, 시장, 병영, 부족, 단체, 궁전, 원로원, 공회 등에 가득 차 있습니다. 우리는 당신들에게 신전만을 남겨 두었습니다."

A. D. 323년 무렵에는 로마 제국 인구의 약 10%, 즉 1억 명 중 1천만 명가량이 그리스도인이었다고 역사가들은 말합니다. 복음은 로마 제국의 국경을 넘어 티그리스강과 유프라테스강 유역으로 확장되어 갔습니다. 그리고 흑해 연안 및 아르메니아와 아라비아까지, 심지어 인도까지 전파되었습니다. 남부 인도에 있는 성 도마 교회는 그 기원이 열두 사도 중의 하나인 도마에까지 거슬러 올라갑니다.

저명한 교회사가인 케네스 라투렛은 이렇게 말했습니다. "어떠한 종교적 신앙이나 어떠한 종교적, 정치적, 경제적 사상 체계도, 완력이나 사회적 또는 문화적 명성의 도움 없이 그토록 단시간 내에 이처럼 한 사회와 문화 속에 중요한 위치를 차지한 적이 결코 없었습니다."

하나님께서는 이 땅 위에 주님의 교회를 세우고 계셨습니다. 주님의 백성들은 성령 충만을 받고 능력을 입어서 예수 그리스도를 헌신적으로 따르고 있었습니다. 참으로 우리는 "내가 이 반석 위에 내 교회를 세우리니 음부의 권세가 이기지 못하리라"(마태복음 16:18)라고 하신 예수님의 말씀이 이루어지는 것을 볼 수 있습니다.

교회는 많은 박해를 겪으며 난국을 헤쳐 나갔습니다. 박해가 끝나면 잠시 동안 평화의 시기가 왔다가 또다시 폭풍우가 교회에 몰아쳤습니다. 교회는 로마 정부의 박해라는 외부로부터의 어려움뿐만 아니라 거짓 교훈 및 거짓 교리와도 끊임없이 싸워야 했습니다. 베드로후서에서는 이에 대해 교회에 경고했습니다(베드로후서 2장 참조). 그럼에도 불구하고 이단은 계속 생겨났고 교회는 때로 그들에게 굴복하기도 했습니다. 이러한 내부적 공격은 전 세기를 통해 계속되었으며, 현재도 계속되고 있습니다. 고대의 이단 사상들은 오늘날 현대적인 용어로 옷을 바꾸어 입고 다시 그 모습을 나타내고 있으며, 많은 사람들이 이러한 이단에 이끌려 곁길로 나가고 있습니다.

그러나 전 교회사를 통하여, 제자를 삼으며 주님의 지상명령에 힘써 순종하며 이 일에 전심전력하는 핵심적인 사람들이 언제나 있었습니다. 복음을 들은 허다한 사람들이 경건한 신자들을 통해 그리스도의 제자가 되었습니다. 예수님을 믿음으로 말미암아 어떤 이는 추방을 당하고 어떤 이는 순교를 하였습니다. 그러나 복음은 그 기간 계속 널리 전파되었습니다.

16세기 초 종교개혁의 시작과 더불어 성령께서는 루터와 칼빈과 같은 사람들의 삶 속에 역사하셔서, 이들을 통하여 성경이 다시 신앙생활의 중심적 위치를 되찾도록 하셨습니다. 루터를 비롯한 여러 사람들이 성경을 각 민족의 언어로 번역하였고, 각 민족은 그들의 언어로 성경을 읽을 수 있게 되었습니다.

성경으로의 이러한 복귀는 근대 선교 운동을 일으켰습니다. 즉 그리스도의 지상사명에 자극을 받은 많은 사람들이 성령에 감동되어 자신의 삶을 선교에 바쳤습니다. 윌리엄 케리가 1792

년 인도로 가 선교를 시작함으로써 근대 선교의 첫 포문을 열었습니다. 죽어 가는 잃어버린 세계에 소망과 구원의 메시지를 전하기 위해 땅끝까지 복음의 증인들을 파송하는 일에 교회는 오늘날까지 전심으로 참여하고 있습니다.

교회의 지도자

하나님께서는 구원을 전파하기 위해 주님의 교회를 세우셨으므로, 교회의 지도자는 하나님의 책임에 속합니다. 하나님께서는 반드시 교회 지도자의 임무를 감당할 사람들을 일으키십니다. 그러나 성경에서 보여 주고 있듯이, 장래에 교회를 섬기고 이끌어 갈 지도자를 교회 자체 내에서 일으키는 이 일에 교회도 책임을 분담하고 있습니다. 그림 7은 리더십의 진행 과정 및 그 책임을 보여 줍니다(에베소서 4:11-12 참조).

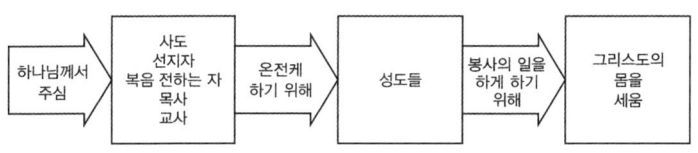

그림 7 교회의 지도자

성경은 우리가 주님께 하듯이 지도자의 위치에 있는 자들에게 복종해야 한다고 말합니다. 히브리서에서는 이렇게 말씀합니다. "너희를 인도하는 자들에게 순종하고 복종하라. 저희는 너희 영혼을 위하여 경성하기를 자기가 회계할 자인 것같이 하느니라. 저희로 하여금 즐거움으로 이것을 하게 하고 근심으로 하게 말라. 그렇지 않으면 너희에게 유익이 없느니라"(히브리서 13:17). 우리가 하나님의 뜻 가운데 있도록 우리를 지킬 책임이 있는 사람들을 하나님께서는 우리에게 주셨습니다. 그들은 우리를 보살피고 책망하고, 죄를 범하지 않도록 경계하며, 우리를 다시 그리스도인의 교제로 돌아오게 하며, 또한 거짓 교리와 교훈으로부터 우리를 지키는 책임이 있습니다.

이러한 봉사를 하는 교회 지도자를 우리는 매우 존경해야 합니다. 성경은 이렇게 말씀합니다. "형제들아, 우리가 너희에게 구하노니 너희 가운데서 수고하고 주 안에서 너희를 다스리며 권하는 자들을 너희가 알고 저의 역사로 말미암아 사랑 안에서 가장 귀히 여기며…"(데살로니가전서 5:12-13). 우리의 책임은 하나님께서 우리를 위해 세워 주신 영적 지도자들을 존경하는 것입니다.

에베소서에서는 영적 지도자에 관하여 교훈을 또 하나 하고 있습니다.

> 그가 혹은 사도로, 혹은 선지자로, 혹은 복음 전하는 자로, 혹은 목사와 교사로 주셨으니, 이는 성도를 온전케 하며, 봉사의 일을 하게 하며, 그리스도의 몸을 세우려 하심이라. 우리가 다 하나님의 아들을 믿는 것과 아는 일에 하나가 되어 온전한 사람을 이루어 그리스도의 장성한 분량이 충만한 데까지 이르리니. (에베소서 4:11-13)

하나님께서는 주님의 교회에 책임 있는 지도자들을 주셨습니다. 최초의 지도자는 '사도'였습니다. 사도들은 지상사명을 수행할 책임을 부여받았습니다(마태복음 28:19-20 참조). 그들은 그 책임을 다른 사람들에게도 넘겨주었습니다.

지도자의 또 하나의 형태는 '선지자'입니다. 신약성경의 선지자는 미래를 예언하는 자들이 아니라, 오히려 하나님의 말씀을 전해 주는 사람입니다. 그들의 책임은 하나님의 말씀을 전달하고 사람들이 그것을 확실히 이해하도록 해 주는 것입니다.

또 다른 형태의 지도자는 '복음 전하는 자'입니다. 그들은 많은 사람에게 복음의 메시지를 전하는 특별한 책임을 가진 자로 하나님의 기름 부음을 받은 사람입니다. 대표적인 예로 빌리 그래함을 들 수 있습니다. 그는 세계 곳곳에서 설교를 통해 수많은 사람들을 그리스도께로 인도하는 일로 하나님께 쓰임받았습니다.

지역 교회의 지도자로는 또 '목사와 교사'가 있습니다. 이들은 회중에게 영적인 영양을 공급하며 그들을 돕는 책임을 가진 사람들입니다.

특별히 다른 사람에게 하나님의 말씀을 가르치는 은사를 받은 사람들도 있습니다. 그들은 각처의 수양회 등에서 말씀을 전하기도 하는데, 그들이 가르치는 성경 말씀은 듣는 사람들의 삶에 놀라운 변화를 주었습니다. 하나님의 능력 있는 일꾼들은 각종 세미나와 훈련 기관을 통해 젊은이들을 그리스도의 충성된 종과 내일의 지도자가 되도록 가르치고 훈련하고 있습니다.

이와 같이 우리에게 많은 것을 가르쳐 주고 우리를 지도자가 되도록 준비시켜 주는 하나님의 사람들에게 배울 수 있는 특권을 우리는 소유해 왔습니다.

성경은 이 외에도 다른 종류의 지도자가 지역 교회를 위해 섬긴다고 말합니다. 장로는 복음의 순수성에 대한 책임을 지고, 신앙의 순수성을 잃지 않도록 그것을 지키고 보호하는 일을 합니다. 그들은 교회 안에서 가르치는 교리나 교훈이 하나님의 말씀에서 나온 순수한 진리인가를 확증할 책임을 부여받았습니다. 디모데전서 3:1-7 및 디도서 1:6-9에서는 장로(때로 감독이라 부름)의 자격을 설명하고 있습니다. 하나님께서는 또한 지역 교회를 위해 집사의 직분을 두셨습니다. 집사의 자격은 최초로 집사를 선출할 때(사도행전 6:3 참조)와 디모데전서 3:8-12에 언급되어 있습니다. 집사의 책임에는 과부들을 돌보는 것과 지역 교회의 재정을 관리하는 일도 포함됩니다.

하나님께서 어떤 방법으로 주님의 교회를 위해 지도자들을 세우시는지에 대해 생각할 때 내 자신의 경험을 돌아보지 않을 수 없습니다. 나는 열일곱 살 때 그리스도를 나의 구주로 영접했습니다. 그 후 한 달이 채 못 된 어느 날 하나님께서는 전임 사역자가 되는 일에 대해 생각해 보라고 내게 말씀하시기 시작했습니다. 나는 그 말씀에 응답하였고 하나님께 기도했습니다.

예수 그리스도를 섬기는 것과 사람들에게 봉사하며 하나님께서 그들의 삶 속에서 나의 이 봉사를 사용하시는 것을 지켜보는 즐거움을 누리는 것은 내게 크나큰 특권이었습니다. 그들은 오늘날 교회에서 지도자로서 섬기는 위치에까지 성장하였고, 가정 성경공부를 통하여 제자를 세워 나가는 일과 개인적으로 다른 사람들과 함께하는 주님의 일을 통해 그리스도를 충성스럽게 섬기고 있습니다.

교회의 구성원

그리스도인으로서 당신은 하나님과 다른 신자들을 향하여 일정한 책임을 가지고 있습니다. 당신이 예수 그리스도를 구주와 주님으로 영접할 때, 당신은 우주적 교회, 즉 '무형' 교회의 일원이 되었습니다. 당신은 '믿는 자로 이루어진 가족'에 속해 있으며(갈라디아서 6:10 참조), 그리스도의 몸의 일부입니다.

우리는 예수 그리스도와 그분의 우주적 교회에 속해 있기 때문에, 그리스도께 순종하며 그리스도의 몸의 지역적 표현인 지역 교회에 참여해야 할 책임이 있습니다. 히브리서에서는 이렇게 말씀합니다. "모이기를 폐하는 어떤 사람들의 습관과 같이 하지 말고 오직 권하여 그날이 가까움을 볼수록 더욱 그리하자"(히브리서 10:25).

교회 선택을 위한 지침

교회 선택의 문제는 가볍게 다루어서는 안 됩니다. 우리가 선택하는 교회는 우리를 그리스도의 제자가 되도록 도와주어야 합니다. 또한, 우리에게 최대의 섬김의 기회를 제공해야 하며, 이러한 섬김의 기회를 통하여 우리는 자신의 영적 은사를 가장 잘 발휘할 수 있는 것입니다. 우리는 기도하면서 이러한 조건이 충족되는 교회를 찾아야 합니다.

교회 선택을 위한 지침을 보다 구체적으로 말씀드리면 다음과 같습니다.

교회는 개인 및 가족의 성장을 위한 최대의 기회를 제공해야 한다. 우리는 영적으로 거듭나는 그 순간부터 죽는 순간까지 가르침과 훈련을 받아야 합니다.

　교회는 지상사명을 수행하는 일에 참여할 기회를 제공해야 한다. 우리는 예수 그리스도를 모르는 자들에게 복음을 전하는 일에 참여해야 합니다.

　교회는 하나님을 영화롭게 하고 하나님을 예배하는 기회를 제공해야 한다. 우리는 설교 말씀을 듣고 평가하기 위하여 교회에 가는 것이 아니라, 전능하신 하나님께 예배를 드리기 위해 교회에 갑니다.

　내가 진정으로 하나님께 예배드리고 있는지 판단할 수 있는 두 가지 기본적인 기준이 있습니다. 첫째, 나는 예배를 통해 그리스도께 나를 드리는 일에 격려와 힘을 얻는가? 나는 주님을 깊이 생각하면서 예배 시간을 보내는가? 나는 하나님께서 내게 말씀하신 것을 순종하려는 열망을 가지고 하나님의 말씀에 반응하는가?

　둘째로, 예배당이나 모임 장소를 떠나올 때 나는 다른 사람에게 예수 그리스도의 복음을 전하려는 열망을 느끼고 있는가? 나는 다른 사람들의 구원에 관심을 가지고 있는가?

　교회는 구성원 상호 간의 교제를 위한 장소와 기회를 제공해야 한다. 우리 모두는 그리스도인들이 함께 모여 성경적인 교제를 나눌 때 이루어지는 친교의 기쁨과 축복을 경험한 바 있습니다. 그리스도의 제자인 우리는 믿는 친구들 및 교우들과의 만남을 고대해야 합니다. 초대 교회의 신자들은 함께 모이는 것을 중심으로 하여 사회생활을 영위한 것을 볼 수 있습니다.

　교회는 믿음을 강화시켜 주는 장소를 제공해야 한다. 교회는 신앙의 진리 위에 우리를 굳게 세워 주어야 합니다. 경건한 교사들은 우리에게 하나님의 말씀의 원리와 진리를 설명해 줍니다. 다른 신자들과 함께 모여 기도하며, 간증을 나누고, 설교와 가르침을 들으며, 교제의 시간을 가질 때 믿음 안에서 더욱 강하여지며, 더욱 견고하게 주님과 동행하는 삶을 살 수 있게 됩니다.

나는 남편과 아버지로서 우리 전 가족이 참여할 수 있는 교회가 있다는 사실에 대해 큰 기쁨을 느껴 왔습니다. 나는 교회가 나의 자녀들에게 영적 성장의 기회를 제공해 주고 있는 데 대해 감사하고 있습니다. 교회는 우리 부부가 가정에서 그들에게 가르쳐 온 내용을 더욱 굳게 해 주었습니다. 나의 자녀들은 지금 그리스도 안에서 자라고 성숙하고 있으며, 그들을 도와주는 경건한 교회 학교 교사들과 여러 사람들을 통해 그들의 삶의 기반은 굳게 다져지고 있습니다.

교회는 봉사의 기회를 제공해야 한다. 하나님께서는 다른 사람을 섬기며 그들에게 복음을 전하게 하시려고 우리를 이 땅에 남겨 두셨습니다. 이것은 모든 자기 백성을 위한 하나님의 정하신 계획입니다. 앞에서 살펴본 여러 가지 형태의 지도자의 직분 중 하나를 맡는 것도 봉사의 기회가 될 수 있습니다.

교회는 우리의 물질을 주님의 일에 드리는 통로를 제공해야 한다. 성경은 하나님의 교회의 사역의 확장을 위해 우리가 십일조를 드려야 한다고 가르칩니다. 십일조뿐만 아니라, 하나님께서 우리를 축복하여 주심에 따라 우리는 주님께 여러 가지 다른 헌금도 드려야 합니다.

우리는 자신의 시간과 노력을 드릴 수도 있습니다. 그 예로는 교회의 주보를 만드는 일이나 예배 시간에 안내를 하는 일에 자원하는 것 등 얼마든지 있습니다. 드리는 일은 제자가 누릴 수 있는 최대의 기쁨 중 하나입니다.

  그러나 교회 선택에서 반드시 기억해야 할 사실은 완벽한 지역 교회란 없다는 점입니다. 이러한 기대에 대하여 빌리 그래함은 다음과 같이 경고합니다.

  "그리스도의 몸의 한 구성원이라 함은 실질적으로는 그리스도의 몸 된 우주적 교회의 지역적 표현인 지역 교회의 구성원임을 의미하는 것이어야 한다"라는 말이 있습니다. 우리는 지금 위대한 우주적 교회에 대하여 이야기하고 있는 것이 아니라, 여러분의 주위에 있는 지역 교회, 즉 여러분도 잘 알다시피 많은 불완전한 점과 결점이 있는 그 교회에 대해 이야기하고 있는 것입니다. 그러나 우리는 '완전'이란 인간 속에는 존재하지 않으며, 인간이 하나님의 영광을 위해 만든 여러 제도나 기관 역시 이와 동일하게 결점으로 가득 차 있다는 사실을 기억해야만 합니다. 지금까지 살다 간 사람 중에 오직 예수 그리스도만이 완전하신 사람입니다. 우리는 모두 다만 회개한 죄인에 불과하며, 그리스도의 위대한 본을 따르려고 노력할 뿐입니다. 그리고 교회가 그 자체나 교회의 구성원 중 어느 누구에 대해 무오성이나 완전성을 주장한다면 이는 다만 그 자체에 대하여 눈이 어두워져 가고 있는 것입니다.

  예수님께서 교회를 세우실 때 의도하신 바는 자기를 따르는 자들이 교회에 참여하며 거기에 계속 충성하는 것이었습니다.

* * *

　당신이 오늘날 그리스도의 제자가 되는 일에 자신을 드렸다면 지역 교회에 참여하십시오. 그러나 지상사명을 수행하는 일에 드려진 교회이어야 한다는 점을 명심하십시오. 이와 같이 당신이 예수 그리스도를 따르는 자로서 교회에 참여할 때, 당신은 교회가 제공하는 모든 혜택을 누리게 될 것입니다. 당신은 교회가 필요하며, 교회는 당신이 필요합니다.

제 9 장
그리스도인의 교제

제자는 다른 그리스도인들과 정기적으로 교제하면서
사랑과 하나 됨을 나타낸다.

그리스도인의 교제는 지역 교회와 매우 밀접한 관련이 있습니다(제8장 참조). 많은 그리스도인들에게, 그들이 경험하는 유일한 교제는 그들이 출석하는 지역 교회에서 가지는 교제입니다. 그러나 교회뿐 아니라 정기적으로 참석하는 가정 성경공부 모임이나 기타 특별한 모임을 통해 교제를 가지는 이들도 있습니다. 전적으로 한 지역 교회에서만 이루어지든, 교회 간 또는 기타 기독교 활동까지도 포함하든, 그리스도인의 교제는 모든 신자의 삶 속에서 절대적으로 필요한 것입니다.

   교제는 신자들이 함께 모이는 곳이면 어디서나 이루어집니다. 그리스도인이 예수 그리스도와 동일한 관계를 유지하고 있는 다른 그리스도인들로부터 고립되어 있으면 그는 삶에서 중요한 것을 놓치고 있는 것입니다. 비록 그가 말씀과 기도를 통해 그리스도와 교제를 하고 있다 할지라도, 다른 신자들과의 교제로부터 나오는 격려와 힘은 얻지 못하고 있는 것입니다.

교제라는 말의 의미

교제라는 단어의 의미를 이해하는 것은 이것이 그리스도인의 교제의 성경적 개념을 파악하는 데 관건이 되기 때문에 아주 중요하다고 할 수 있습니다. 헬라어 코이노니아는 성경 전체에 사용되고 있습니다. 코이노니아란 '누구와 어떤 것을 나눔'이라는 의미를 지니고 있습니다. 존 스토트는 그 의미를 다음과 같이 잘 설명합니다.

신약성경에서 이 단어가 사용된 것을 주의 깊게 연구해 보면, 그리스도인의 코이노니아는 '공유'를 뜻하는데, 이 말에는 세 가지 형태가 있음을 볼 수 있습니다.
첫째, 함께 나누어 가지는 것, 즉 그리스도인의 공동 유업이라는 의미가 있습니다. 이것이야말로 이 단어의 근본 의미입니다.…
특히, 우리는 삼위일체 하나님의 구원의 은혜를 함께 소유합니다. 따라서 사도들의 전도를 통하여 우리는 사도들과 교제하게 되며, 이 교제는 '아버지와 그 아들 예수 그리스도와 함께하는' 것입니다. 진실로 우리의 '서로 간의 교제'는 우리의 '하나님과의 교제'에 의해 좌우됩니다.…
그러나 교제는 함께 나누어 가지는 것 이상입니다. 둘째로 이 단어에는 함께 나누어 주는 의미가 있습니다. 신약성경의 코이노니아는 함께 소유하는 것뿐만 아니라 함께 행하는 것까지, 공동 유업뿐만 아니라 공동 봉사까지도 관계되어 있습니다.…

그렇지만 복음만이 그리스도인들이 함께 나누어야 할 유일한 보물은 아닙니다. 또 하나는 우리의 물질입니다. 부유한 사람들은 특히 코이노니코스 즉 '후한' 사람이 되어야 합니다. 모든 그리스도인은 코이노니아를 소홀히 하지 말고 성도의 쓸 것을 '공급해야(코이노네오)' 합니다.…

이제 코이노니아가 신약성경에서 취하는 삼중적 모습을 요약하면, 공동 유업(함께 나누어 가지는 것), 공동 봉사(함께 나누어 주는 것) 및 상호 간의 책임(서로 나누는 것)입니다. 먼저 함께 받으며, 다음에 함께 주며, 그다음 서로 주고받는 것입니다.

각 그리스도인은 다른 그리스도인과 함께 나누어야 할 것이 많은데, 일일이 다 열거하자면 한이 없을 것입니다. 매일매일 경험하는 예수 그리스도의 인도와 용서, 다른 사람들이 그리스도 안에서 성장하도록 돕는 일, 전도를 위한 노력, 또는 교회학교에서 가르치는 일에 관한 통찰력 등등.

이와 같이 함께 나누는 교제의 축복 중 하나는, 내가 예수 그리스도와 동행하면서 이전에 경험했던 그런 문제들을 지금 겪고 있는 다른 신자들을 격려할 수 있다는 것입니다. 하나님께서는 "우리의 모든 환난 중에서 우리를 위로하사 우리로 하여금 하나님께 받는 위로로써 모든 환난 중에 있는 자들을 능히 위로하게 하시는"(고린도후서 1:4) 분이십니다.

교제의 아름다운 예는 초대 교회에서 볼 수 있습니다. 제8장에서 새로운 그리스도인들이 지역 교회 안에서 받았던 훈련과 가르침을 서술한 사도행전 2장 본문을 살펴보았습니다. 이 본문은 또한 참된 교제의 훌륭한 본을 제시합니다.

초대 교회에서 신자들이 사랑과 하나 됨을 나타낼 때 하나님께서 영광을 받으셨습니다. 이러한 사랑과 하나 됨이 있는 교제는 하나님께 영광을 돌리게 되는 것입니다. 이는 이러한 교제가 있을 때 살아 있고 능력 있는 복음 증거가 이루어지며, 사람들로 무릎을 꿇고 예수 그리스도를 자신의 삶의 구주와 주님으로 인정하게 하기 때문입니다.

그리스도인의 교제의 기초

사도 요한은 그리스도인 교제의 근원은 주님과의 관계라고 말했습니다. "우리가 보고 들은 바를 너희에게도 전함은 너희로 우리와 사귐이 있게 하려 함이니 우리의 사귐은 아버지와 그 아들 예수 그리스도와 함께함이라"(요한일서 1:3). 요한은 주님과 친밀한 관계를 갖는다는 것이 어떤 것인지를 알았습니다. 그는 주님의 말씀을 들었고, 주님을 보았으며, 주님을 손으로 만지기까지 하였습니다(요한일서 1:1 참조). 예수님의 공생애 기간에 요한은 예수님과 친밀한 관계를 맺고 있었습니다. 그는 예수님과 대화했으며, 자신의 마음을 예수님과 나누었습니다.

이어, 사도 요한은 서신을 읽는 자들에게 예수님과의 그러한 교제에 자기와 함께하도록 권면했습니다. 우리가 개인적으로 예수 그리스도를 통해 하나님과 맺은 관계가 그리스도인 교제의 기초가 됩니다. 우리가 그리스도의 몸 안에서 서로 교제할 수 있는 것은 오로지 그러한 관계 때문입니다. 상대방 역시 주님과 살아 움직이는 관계를 갖고 있기 때문에 우리는 그것을 통해 유익을 얻으며, 서로 격려하며 서로의 축복을 나누게 되는데, 이것은 우리 모두에게 매우 필요한 것입니다.

그리스도인이 예수 그리스도를 모르는 사람들과 참된 성경적인 교제를 갖기란 불가능합니다. 그들이 비록 우리의 사랑과 존경을 받는 친지나 친구라 할지라도, 만일 그들이 예수 그리스도를 모르고 있다면 우리에게 필요한 성경적인 교제는 경험할 수가 없습니다.

참된 성경적 교제를 위해서는 또 사랑과 하나 됨이 절대적으로 필요합니다. 성경은 이렇게 말씀합니다. "그러므로 그리스도 안에 무슨 권면이나 사랑에 무슨 위로나 성령의 무슨 교제나 긍휼이나 자비가 있거든 마음을 같이하여 같은 사랑을 가지고 뜻을 합하며 한마음을 품어"(빌립보서 2:1-2). 진정한 교제가 이루어지기 위해서는 반드시 참여자들 사이에 사랑과 하나 됨이 있어야 합니다. 성령의 통치하에 있으면 사랑의 결여나 불일치란 있을 수가 없습니다. 일단의 그리스도인들이 하나님의 뜻에 순복하며, 성령께서 자신들의 삶과 상황을 주관하시도록 했을 때, 그들 사이에는 참된 그리스도인의 교제가 이루어질 수 있는 것입니다.

나는 결혼하기 전, 네 명의 형제들과 함께 생활한 적이 있었는데, 이는 선교 사역의 기술을 계발하고 인격을 계발하기 위한 훈련을 받기 위해서였습니다. 우리는 함께 생활하는 동안, 주님 앞에서 깨어지지 않은 마음 및 교만이라고 하는 깊은 문제 때문에 여러 가지 어려움을 겪었습니다. 주님께서는 에베소서 4:3을 통해 내게 말씀하셨고, 그 말씀은 나에게 직접 명령하는 것 같았습니다. "프랜시스, 평안의 매는 줄로 성령의 하나 되게 하신 것을 힘써 지키라." 이것은 내게 실제적인 말씀이었는데, 왜냐하면 나는 스스로 이렇게 물어보지 않을 수 없었기 때문이었습니다. "나는 그리스도의 몸 안에서 분열을 일으키는 암적 존재인가, 아니면 하나 되게 하는 자요 화평케 하는 자인가?" 우리는 다른 그리스도인들과의 관계에서 서로 사랑하며 성령의 하나 되게 하신 것을 힘써 지켜야 합니다.

예수님께서는 십자가에 달리시기 직전, 마지막으로 제자들에게 이렇게 말씀하셨습니다. "새 계명을 너희에게 주노니 서로 사랑하라. 내가 너희를 사랑한 것같이 너희도 서로 사랑하라. 너희가 서로 사랑하면 이로써 모든 사람이 너희가 내 제자인 줄 알리라"(요한복음 13:34-35).

예수님께서 말씀하신 이 사랑은 자신의 이익과 관심사보다 다른 사람의 이익과 관심사를 먼저 고려하는 것을 포함합니다. 이렇게 하는 실제적인 방법을 하나 예로 들자면, 특별히 어떤 시련이나 어려움을 겪고 있는 그리스도 안의 형제에게 전화를 하는 것입니다. 잠시 그와 이야기를 나눈 뒤, 격려를 주는 성경 말씀을 나누고 당신이 그를 위해 기도하고 있음을 알게 하십시오. 또 하나님께서 최근에 당신에게 개인적으로 주신 승리를 몇 가지 나누십시오. 그리스도인 형제와 전화로 보내는 이 몇 분간으로도 당신은 그리스도인의 참된 교제에 참여할 수 있습니다.

나는 포트로더데일에서 일하고 있을 당시, 내가 다니는 교회의 사무실에 들러 거기서 일하는 직원들 및 그 외 사람들에게 격려와 감사의 말을 건네곤 했습니다. 나는 그들과 성경 말씀 하나를 나누며 그들로 하여금 내가 그들에게 관심을 가지고 있으며 또한 그들이 지금 그 교회에서 아주 중요한 일을 맡고 있음을 알게 하였습니다. 이렇게 보내는 몇 분간으로도 참된 그리스도인의 교제는 이루어지는 것입니다.

성경적 교제의 세 가지 기본 요소

참된 교제가 그리스도인 사이에서 이루어지려면 다음 세 가지 요소가 반드시 있어야 합니다.

교제는 성장하도록 서로 자극해야 한다

그리스도인들이 기도와 성경공부를 위해 모였을 때는 영적 성장에 대한 자극이 반드시 있어야 합니다. 성경공부를 통해 어떤 사람은 자기에게 필요한 어떤 내용을 개인적으로 삶에 적용하도록 자극을 받기도 하고, 어떤 사람은 어떤 주제를 더 깊이 공부해야겠다는 동기를 얻거나, 기도 시간을 통해서 기도에 관한 성경 구절을 암송해야겠다는 동기를 얻기도 합니다.

포트로더데일에 있을 때의 일입니다. 두 부부가 우리 성경공부에 정기적으로 참석하게 되었는데, 이들 두 부부는 모두 비교적 영적으로 어린 편이었습니다. 그들은 이 성경공부 모임에 참여하는 모든 참석자들의 따뜻하고도 친절한 관심과 하나님의 말씀을 서로 나누는 시간 및 자신들도 역시 토의에 참여할 수 있다는 사실 등으로 큰 격려를 받았습니다. 그들의 주님과의 관계는 발전하였고, 그러한 교제의 결과로 그들은 예수 그리스도 안에서 계속 성장하게 되었습니다.

교제는 예수 그리스도에 대해 나누어야 한다

반드시 전도의 성격을 띨 필요는 없지만, 그리스도를 나누는 것이 있어야 합니다. 아직 믿지 않는 사람들이 성경공부에 참석하고 있을 수도 있기 때문입니다. 각 신자들이 주님과 가졌던 자신의 경험들을 나눔으로써 믿지 않는 사람들이 자극을 받아 예수님을 구주와 주님으로 인정할 수도 있을 것입니다.

그리스도인들 간에 그리스도를 나누는 내용으로는 하나님의 말씀에 복종하고 순종함으로써 얻은 승리와 기쁨도 포함됩니다. 자신이 주님의 뜻 안에서 살고 있음을 아는 데서 오는 기쁨이나 매일 아침 경건의 시간을 통해 얻은 것을 나눌 수도 있고, 자신이 받은 축복, 자신의 필요에 대한 하나님의 공급 및 자신의 기도에 대한 하나님의 놀라운 응답 등을 다른 그리스도인과 나눌 수도 있는 것입니다.

교제는 모두에게 계속적인 전도의 동기를 부여해야 한다

참석자들이 영적으로 성장하도록 자극을 받으며 그리스도를 나누는 그런 교제를 경험했다면, 그 자연스런 결과로서 그리스도를 모르는 사람들에게 그리스도를 전하려는 열망이 나타나야 합니다.

아마 당신은 이미 사람들이 그리스도께 나아와 다른 신자들과의 유익한 교제에 참여하는 모습을 보는 즐거움을 맛보았을 것입니다. 다른 신자들과의 이러한 교제를 통하여 그들은 하나님의 말씀을 알아 가게 되며, 얼마 안 있어 아직 그리스도 밖에 있는 자기 친구들에 대해 관심을 갖게 됩니다. 그들은 이 친구들도 자신들처럼 구세주를 알게 되기를 원합니다. 이렇게 하여, 그들 중 많은 이들이 한 번도 훈련을 받아 본 적이 없지만 밖으로 나가 친구와 친지들을 예수님께로 인도하는 것입니다.

성경에 나타난 교제의 예

부활 후 엠마오로 가는 두 사람을 만나는 예수님의 이야기는 그리스도인 교제의 좋은 예입니다.

예수님께서 부활하신 그날, 예수님의 제자 중 두 사람이 그분의 부활을 알지 못한 채 예루살렘에서 25리쯤 되는 엠마오라는 마을로 가면서 이야기를 나누고 있었습니다. 그들은 자신들의 모든 소망을 건 그분이 이제는 돌아가셨다고 생각했기 때문에 슬픈 빛을 띠었다고 성경은 기록하고 있습니다.

예수님께서 가까이 이르러 그들과 동행하셨지만 자신이 누구인지를 나타내지는 않으셨습니다. 서로 대화가 오갔습니다. 예수님께서는 그들에게 모세의 율법과 선지자의 글과 시편에서 메시야에 대한 성경 말씀을 가르치기 시작하셨고, 지난주에 있었던 모든 사건을 그들이 이해하도록 도와주셨습니다. 엠마오에 도착한 후, 예수님은 그들에게 자신을 나타내시고 그들의 시야에서 사라지셨습니다. "저희가 서로 말하되, '길에서 우리에게 말씀하시고 우리에게 성경을 풀어 주실 때에 우리 속에서 마음이 뜨겁지 아니하더냐?' 하고"(누가복음 24:32). 예수님께서 하나님의 말씀을 그들에게 풀어 주실 때, 그들의 반응은 뜨거웠고 그 말씀을 잘 이해했습니다. 그들은 살아 계신 하나님과의 관계에서 큰 격려와 힘을 얻었습니다. 예수님과의 교제와 그들 서로 간의 교제는 두 사람을 성장하도록 했습니다.

교제에 대한 잘못된 이해

오늘날 우리 사회에는 참된 교제에 대한 몇 가지 오해가 있습니다. 그리스도인들이 하고 있는 많은 활동이 실제로는 교제가 아닌 경우가 허다합니다. 몇몇 신자들이 모여 낚시나 등산을 갈 수도 있고, 몇몇 부부가 함께 연주회에 갈 수도 있습니다. 또는 그리스도인인 친구를 방문하거나, 함께 운동경기를 하거나 식사를 나눌 수도 있습니다.

그러나 앞서 말한 세 가지 기본 요소가 신자들의 모임에 결여되어 있으면, 이것은 성경에서 말하는 교제는 아닙니다. 교제에는 반드시 그리스도 안에서의 성장을 위한 자극이 있어야 하며, 함께 예수님을 나누는 일이 있어야 하며, 그리스도를 모르는 자들에게 관심을 갖고 전도를 하거나 전도를 위한 계획을 세우거나 전도에 대한 열망을 일으켜 주는 일이 있어야 합니다. 이러한 것들이 그리스도인들이 함께 모여 있을 때 이루어지지 않으면, 그런 모임은 함께 모여 우정을 나눈다고 하는 것이 더 적합할 것입니다.

나는 성경공부 모임 참석자들에게 말씀과 기도와 교제 및 증거로 보낸 시간에 비추어 자신의 삶을 평가해 보도록 합니다. 그러면 거의 대부분이 자신이 계속 교제 가운데 있긴 하지만 한 사람 또는 전체에 대해 약간의 어려움을 겪고 있다고 대답했습니다.

성경이 정의하는 그런 교제를 하려면, 우리에게 얼마간의 훈련이 필요합니다. 많은 신자들이 참된 그리스도인의 교제를 찾고 있지만, 그들이 발견한 것은 진정한 교제가 아니라 단순히 그리스도인 사이의 우정이기 때문에 그들의 영적 성장이 방해받는다는 것은 얼마나 비극적인 일인지 모릅니다.

성경적 교제의 결과

그리스도인들이 참된 교제를 가질 때 나타나는 몇 가지 결과 중 다음 세 가지만 살펴보기로 하겠습니다.

교제는 격려를 가져온다

우리 모두는 피곤하고 낙심되는 때가 있으므로, 다른 사람들의 격려가 필요합니다. 다윗은 아들 솔로몬에게 다음과 같은 격려의 말을 했습니다. "너는 강하고 담대하게 이 일을 행하고 두려워 말며 놀라지 말라. 네가 여호와의 전 역사의 모든 일을 마칠 동안에 여호와 하나님, 나의 하나님이 너와 함께하사 네게서 떠나지 아니하시고 너를 버리지 아니하시리라"(역대상 28:20).

우리의 부모나 지도자나 우리 위에 있는 사람이 이와 같은 말을 해 줄 때 우리는 큰 격려를 받습니다. 우리 모두에게는 격려가 필요하며, 이는 바로 우리가 참여하고 있는 교제를 통해서 얻는 것입니다. 때에 맞는 친구의 충고는 틀림없이 우리를 내적으로 새롭게 해 줄 것입니다. 이것이 바로 성령께서 우리를 도우시는 방법입니다. 나도 때로는 그리스도인들과의 친밀한 교제를 통해 큰 격려를 얻곤 하지만, 그들 중 누구도 하나님께서 자신들을 사용하여 나를 격려하셨다는 사실을 몰랐습니다.

또한, 그리스도인들이 함께 모여 하나님의 말씀을 나눌 때, 그 말씀을 통해 우리는 하나님으로부터 격려를 받습니다. 예를 들면, 어떤 형제가 우리를 향한 하나님의 관심을 상기시켜 주는 성경 말씀을 우리에게 나눌 수도 있습니다. "두려워 말라. 내가 너와 함께함이니라. 놀라지 말라. 나는 네 하나님이 됨이니라. 내가 너를 굳세게 하리라. 참으로 너를 도와주리라. 참으로 나의 의로운 오른손으로 너를 붙들리라"(이사야 41:10).

교제는 바른길로 돌아오게 해 준다

교제는 우리로 바른길로 돌아오게 해 주는데, 이는 우리의 영적 성장을 위해 필수입니다. 우리는 다른 신자와의 교제를 통해 우리에게 주어지는 이러한 바르게 하는 것이 없이는 결코 그리스도인의 삶을 살아갈 수 없습니다. 교제가 없으면 자신이 바른길에서 벗어나고 있다는 사실을 깨닫지 못할 것입니다. 히브리서에서는 이렇게 말씀합니다. "형제들아, 너희가 삼가 혹 너희 중에 누가 믿지 아니하는 악심을 품고 살아 계신 하나님에게서 떨어질까 염려할 것이요, 오직 오늘이라 일컫는 동안에 매일 피차 권면하여 너희 중에 누구든지 죄의 유혹으로 강퍅케 됨을 면하라"(히브리서 3:12-13).

죄는 언제나 우리 삶 속에서 그 영향을 나타냅니다. 이 영향을 교제 가운데 있는 다른 그리스도인들이 알 수 있을 때, 그들은 우리로 그 문제를 해결할 수 있도록 도와줄 수 있습니다. 그들은 우리에게 바르게 하거나 책망하는 말을 할 수도 있고, 이 문제를 빨리 해결하는 것이 얼마나 중요한가를 깨닫도록 도와줄 수도 있습니다. 우리는 자신의 필요를 인정하고 다른 사람의 권면의 말에 복종하는 겸손이 필요합니다.

언젠가 신앙생활상에 문제가 있어 교회에 나오지 않고 있던 어떤 부인을 심방한 적이 있습니다. 우리가 그 부인에게 하나님의 말씀을 풀어 주며, 하나님의 약속의 말씀을 몇 가지 나누고 함께 기도했을 때, 그는 자기 삶 속에서 무엇이 결여되어 있는지를 깨달았습니다. 이 부인은 다른 신자들과의 교제에서 떠나 있었으므로, 그들로부터 아무것도 얻지 못했습니다. 그가 다른 사람으로부터 유익을 얻을 수 있으려면 겸손이 필요했습니다. 교제 안에서 다른 신자들의 권면이나 충고의 말을 겸손히 받아들이는 것은 모든 그리스도인들을 향한 하나님의 뜻입니다.

그리스도인의 교제가 없이도 영적인 삶을 유지하며 또 성장하는 것이 가능할까요? 근본적으로 불가능합니다. 교제는 우리 그리스도인의 삶에서 절대로 필요한 요소 중 하나입니다. 그러나 그리스도인들과의 교제가 없이 하나님의 은혜로 장기간 살아갈 수 있었던 경우가 있었습니다. 예를 들어, 월남전 당시 월맹에 억류돼 있던 포로들 중의 그리스도인들이 그러했습니다. 또 어떤 선교사들은 삼사 년 동안 단 한 명의 동료 그리스도인도 접촉할 수 없는 외딴곳에 있는 종족들 사이에서 일해 왔습니다. 그러나 이런 시간들은 모두 일시적인 것입니다. 전쟁 포로들은 마침내 석방되었고, 선교사들 역시 정기적으로 안식년을 맞아 본국으로 돌아옵니다. 오늘날에는 아무리 멀리 외따로 떨어진 선교지라 할지라도 전화나 경비행기 등을 이용하여 정기적으로 교제를 나눌 수 있습니다.

　네비게이토 선교회에서는 일반적으로 해외로 선교사를 파송할 때 최소한 두 부부를 한 팀으로 하여 보냅니다. 그것은 성경의 이러한 가르침 때문입니다. "두 사람이 한 사람보다 나음은 저희가 수고함으로 좋은 상을 얻을 것임이라. 혹시 저희가 넘어지면 하나가 그 동무를 붙들어 일으키려니와 홀로 있어 넘어지고 붙들어 일으킬 자가 없는 자에게는 화가 있으리라"(전도서 4:9-10). 우리를 거스르는 이 세상에서 우리가 살아가려면 그리스도인의 삶을 격려하고 바로잡아 줄 다른 그리스도인들이 꼭 필요한 것입니다.

교제는 우리가 온전한 사람이 되도록 도와준다

　당신은 어떤 사람이 되어 가고 있습니까? 이것은 자신이 교제하고 있는 사람들을 잘 관찰해 봄으로써 알 수 있습니다. 성경은 이렇게 말씀합니다. "지혜로운 자와 동행하면 지혜를 얻고, 미련한 자와 사귀면 해를 받느니라"(잠언 13:20).

　그리스도를 알고 있으며 그리스도의 주재권에 드려져 있는 사람들과 친교와 교제 가운데 있으면, 당신은 영적으로 점점 더 성장하며, 예수 그리스도 및 다른 그리스도인들과의 관계가 더 깊어질 것입니다. 운동이 우리의 육체에 중요한 만큼 교제는 우리의 영적 생활에 중요합니다. 우리는 귀한 신앙을 함께 가진 사람들과 적극적으로 힘써 교제를 해야 합니다.

　당신은 어떻게 하여 오늘날 하나님과 동행하게 되었습니까? 또 어떻게 해서 오늘날 하나님의 말씀 안에 거하게 되었습니까? 내 개인을 예로 들자면, 나의 신앙생활상의 중대한 시기에 하나님께서 나를 그리스도인들의 따뜻한 교제 가운데로 이끌어 주셨기 때문입니다. 그것은 내가 해군에 복무하고 있을 때의 일이었는데, 그들은 예수 그리스도를 사랑하는 젊은이들이었습니다. 그들은 하나님의 말씀을 배우는 일에 즐거움을 느끼고 있었으며, 또 자신들의 삶이 말씀에 의해 영위되기를 원했으며, 하나님의 뜻대로 살기를 원했습니다. 이들은 항해 중에도 계속 성경공부를 하고, 성경 말씀을 암송하며, 함께 기도했습니다. 그 결과 그들은 참된 성경적 교제를 경험하고 있었습니다. 하나님께서는 내가 이러한 교제에 참여함으로써 영적으로 성장할 수 있도록 도와주셨습니다.

지역 교회를 통해 그리스도인의 교제를 경험할 수도 있습니다. 많은 그리스도인들이 지역 교회 안에서 영양을 공급받고 보살핌을 받아 왔습니다. 그러므로 지역 교회와 지역 교회의 지도자들은 그들의 보살핌 아래 있는 사람들이 그리스도 안에서 성장하며 그리스도인의 참된 교제를 경험하도록 돕는 일에 헌신되어 있어야만 합니다. 교제는 하나님의 백성에게 지극히 중요한 필수 요소입니다.

* * *

교제가 당신의 삶의 필수 불가결한 영역이 되도록 하십시오. 그러나 분명히 해야 할 점은, 교제는 그리스도 중심적이며, 그리스도를 모르는 주위 사람에게 복음을 증거하도록 당신에게 동기를 부여해야 한다는 사실입니다. 교제는 우리에게 격려를 주며, 잘못이 있을 때 책망하고 바로잡아 주며, 우리로 그리스도께서 의도하신 사람이 되도록 도와주며, 그러한 사람이 될 수 있게 해 줍니다.

제 10 장
제자는 섬기는 사람이다

제자는 실제적인 방법으로 다른 사람들을
도와줌으로써 종의 태도를 나타낸다.

미국의 유명한 기독교계 학교 중 하나인 휘튼 대학 총장을 역임한 레이먼드 에드먼은 "우리 임무는 지도자를 훈련하는 것이 아니라 종을 훈련하는 것입니다"라고 말한 적이 있습니다. 휘튼 대학은 그동안 수많은 십자가의 종들을 전 세계로 파송하였습니다. 이것이 그 학교의 아주 큰 목표였는데, 이는 세상에는 섬기는 자가 너무도 적기 때문입니다. 오늘날 지도자가 되어 유명해지며 성공하기를 바라는 사람은 많으나 섬기는 자가 되려는 사람은 너무나 적습니다.

성경은 다른 사람을 섬기는 것을 강조합니다. 대표적인 예로 예수님께서 제자들의 발을 씻기심으로 그들을 섬기신 것을 들 수 있습니다. 예수님께서는 사람들의 죄를 위해 죽으러 오심으로써 사랑과 섬김의 가장 좋은 본을 보여 주셨습니다. 성경은 이렇게 말씀합니다. "그가 우리를 위하여 목숨을 버리셨으니 우리가 이로써 사랑을 알고 우리도 형제들을 위하여 목숨을 버리는 것이 마땅하니라"(요한일서 3:16).

섬김에 대한 이러한 강조는 세상의 많은 지도자들의 실상과는 반대가 됩니다. 대부분의 경우 고위 경영자층에 속한 사람들은 다른 사람들에게 섬김을 요구합니다. 이것이 오늘날의 현실입니다. 그러나 예수님께서는 이 땅에 오셔서 자신의 지도자로서의 위치를 포기하지 않고도 섬김의 방향을 바꾸어 놓으셨습니다. 사실, 예수님의 섬김으로 인하여 그 리더십은 강화되었습니다.

예수님께서는 제자들에게 섬기는 자가 되라고 가르치셨습니다. 누가 가장 크냐를 두고 서로 변론하던 제자들에게 예수님은 이렇게 말씀하셨습니다.

> 이방인의 집권자들이 저희를 임의로 주관하고 그 대인들이 저희에게 권세를 부리는 줄을 너희가 알거니와, 너희 중에는 그렇지 아니하니 너희 중에 누구든지 크고자 하는 자는 너희를 섬기는 자가 되고, 너희 중에 누구든지 으뜸이 되고자 하는 자는 너희 종이 되어야 하리라. 인자가 온 것은 섬김을 받으려 함이 아니라 도리어 섬기려 하고 자기 목숨을 많은 사람의 대속물로 주려 함이니라. (마태복음 20:25-28)

크고자 하는 자는 다른 사람을 섬겨야 한다는 이 가르침은 정상에 오르기 위해서는 수단과 방법을 가리지 말도록 요구하는 현 시대의 조류와는 계속 마찰을 빚을 것입니다. 섬기는 것이 이끄는 것이라고 성경은 가르칩니다. 우리는 이 개념이 담고 있는 진리를 알고 긍정적인 태도로 받아들일 수도 있지만, 문제는 이것을 날마다 실천하는 데 있습니다.

성경은 예수 그리스도의 제자가 되는 데 섬김은 필수 영역이라고 가르치기 때문에, 우선 종이란 무엇인가를 살펴본 다음, 종의 특징 및 실제로 종이 되는 방법을 살펴보기로 하겠습니다. 아울러 섬기는 삶의 축복에 대해 몇 가지 생각해 봄으로써 이 장의 결론을 맺고자 합니다.

종이란 무엇인가

바울은 로마 교회에 보낸 편지에서 자신을 먼저 종으로 소개한 다음 사도로 소개했습니다. "예수 그리스도의 종 바울은 사도로 부르심을 받아 하나님의 복음을 위하여 택정함을 입었으니"(로마서 1:1). 신분은 사도였지만, 사람들을 대할 때는 종이었습니다. 우리가 얻을 수 있는 최대의 영예 중 하나는 사람들이 우리를 예수 그리스도의 종이라 부르는 일일 것입니다. 전 교회사를 통하여 경건한 사람들은 종종 '주님의 참된 종' 등으로 일컬어져 왔습니다.

네비게이토 선교회의 국제 선교 책임자를 역임한 리로이 아임스는 이렇게 말했습니다.

> 예수님께서는 자신의 삶을 단적으로 다음과 같이 요약하십니다. "인자의 온 것은 섬김을 받으려 함이 아니라 도리어 섬기려 하고 자기 목숨을 많은 사람의 대속물로 주려

함이니라"(마가복음 10:45). 예수님께서는 온전히 섬기는 자로서 우리들 가운데 거하셨습니다(누가복음 22:27 참조).

오늘날 우리가 하나님을 섬길 때 산 중턱에 올라가서 짐승을 잡아 희생 제물을 드리는 식으로 할 수는 없습니다. 하나님을 섬기려면 예수님께서 이 땅에서 본을 보여 주신 대로 다른 사람들을 섬겨야 합니다. 지도자는 다른 사람들을 섬기기 위하여 하나님의 사랑의 불꽃으로 자신을 태워서 제단 위에 희생 제물로 바쳐야 합니다.

섬김이란 사람들을 대할 때, 기꺼이 다른 사람들의 필요를 채워 주며, 하여야 할 일을 해 주려고 마음으로부터 자원하는 것이라고 할 수 있습니다.

그것이 하나님께서 제임스 케네디 목사를 그토록 놀랍게 사용하고 계신다고 내가 믿는 이유입니다. 그는 교회와 기독교계에서 사람들의 참된 종으로서 살아왔기 때문에 그런 위치에 이른 것입니다.

케네디 목사는 많은 책임을 맡고 있습니다. '전도 폭발' 운동의 창시자요 회장이며, 교회의 담임목사이며, 한 신학교의 이사진에 속해 있기도 합니다. 또 라디오와 텔레비전을 통한 방송 선교에도 관여하고 있습니다. 그러나 그는 최고의 우선순위를 교회의 평범한 성도들을 위한 전도 훈련 프로그램을 운영하는 데 두고 있습니다. 그는 매주 세 사람으로 구성된 한 팀을 집으로 초청하여 프로그램을 인도합니다. 케네디 박사는 그들을 가르치고 제자가 되도록 도와줌으로써 그들을 섬깁니다.

성경에서 보면, 종이라는 용어에 대해 하나로 구체적인 정의를 내린다는 것은 힘듭니다. 종이란 말은 다양한 의미로 사용됩니다. 많은 경우 종은 노예로도 불립니다. 구약시대의 히브리인들의 종 또는 노예에는 두 가지 형태가 있는데, 하나는 사들인 자요, 다른 하나는 전쟁 포로입니다. 그 당시의 사람들은 빚을 갚기 위해 자신을 팔 수도 있었습니다.

성경에 보면, 모든 민족은 그들을 정복한 왕이나 사람들을 섬기도록 강요받았습니다. 그래서 이스라엘은 그 왕의 종으로, 아람은 다윗왕의 종으로 표현되어 있습니다. 역사를 보면, 이스라엘이 블레셋을 섬기기도 하고, 블레셋이 이스라엘을 섬기기도 하였습니다.

자기 스스로의 선택에 의해 다른 사람을 섬기는 일에 자신을 드리는 사람도 역시 종이라 할 수 있습니다. 그래서 우리는 여호수아는 모세의 종, 엘리사는 엘리야의 종, 제자들은 그리스도의 종이 된 것을 볼 수 있습니다. "우리가 우리를 전파하는 것이 아니라 오직 그리스도 예수의 주 되신 것과 또 예수를 위하여 우리가 너희의 종 된 것을 전파함이라"(고린도후서 4:5). 사도 바울은 종이 되는 것을 택했습니다. "내가 모든 사람에게 자유하였으나, 스스로 모든 사람에게 종이 된 것은 더 많은 사람을 얻고자 함이라"(고린도전서 9:19). 이 모든 경우에 종이 되는 것을 택한 사람들은 모두 결국 더 높은 위치로 높임을 받았습니다.

아마도 성경에서 가장 자주 대할 수 있는 구절은 주님의 종에 관한 것일 것입니다. 첫째, 죄로부터 구속받아 이제 의와 거룩함으로 하나님을 섬기고 있는 충성되고 경건한 사람들을 종으로 부릅니다(로마서 6:17-18 참조). 둘째, 특별한 기능이나 부르심을 위해 하나님을 섬기는 사람 역시 하나님의 종이라 부릅니다.

예를 들면, 예수 그리스도는 하나님의 종이라 불립니다(이사야 53:11 참조). 셋째, '하나님의 종'이라는 표현은 하나님께서 특별한 자비나 심판에 관한 그분의 뜻을 성취하기 위하여 사용하는 사람들에게도 해당될 수 있습니다. 예를 들면, 모세는 성경에서 열일곱 번이나 하나님의 종이라 불리며, 다윗은 스물네 번이나 그렇게 불립니다.

결국 종이란 자신의 뜻대로 행하지 않고, 도리어 자기 주인을 기쁘게 하기 위해 자기 뜻을 굴복하는 사람이라는 것을 알 수 있습니다. 종은 또한 보상에 대한 아무런 보장도 없지만 다른 사람을 섬기는 일의 중요성을 삶으로 보여 줍니다.

종의 성경적 특성

성경에 언급된 종의 특성 가운데 대표적인 것만 열거하면 다음과 같습니다.

종은 겸손하다. 종은 자신에게로 다른 사람의 주의를 끌지 않습니다. 보이지 않게 자기가 맡은 일을 합니다. 예수님께서는 "제자가 그 선생보다, 또는 종이 그 상전보다 높지 못하나니"(마태복음 10:24)라고 하셨습니다. 또한, 종은 자기를 반대하는 자들의 잘못을 온유함으로 지적하고 바로잡아 주어야 합니다(디모데후서 2:25 참조). 하나님 앞에서 진정으로 겸손한 사람만이 그를 반대하는 자들을 온유하게 대할 수 있습니다.

종은 부지런하다. 종은 맡은 일을 적극적으로 수행합니다. 게으름을 피우지 않습니다. 예수님께서는 이 점에 대하여 아주 강하게 말씀하셨습니다.

> 충성되고 지혜 있는 종이 되어 주인에게 그 집 사람들을 맡아 때를 따라 양식을 나눠 줄 자가 누구뇨? 주인이 올 때에 그 종의 이렇게 하는 것을 보면 그 종이 복이 있으리로다. 내가 진실로 너희에게 이르노니, 주인이 그 모든 소유를 저에게 맡기리라. (마태복음 24:45-47)

종은 섬기기에 바쁘다. 하나님의 참된 종은 자기에게 맡겨진 일을 하느라 바쁜 사람들입니다. 종은 섬겨야 하며, 다른 일을 해서는 안 됩니다. 이에 대하여 예수님께서는 다음과 같이 말씀하셨습니다.

> 너희 중에 뉘게 밭을 갈거나 양을 치거나 하는 종이 있어 밭에서 돌아오면 저더러 곧 와 앉아서 먹으라 할 자가 있느냐? 도리어 저더러 내 먹을 것을 예비하고 띠를 띠고 나의 먹고 마시는 동안에 수종 들고 너는 그 후에 먹고 마시라 하지 않겠느냐? (누가복음 17:7-8)

종은 다른 사람을 가르칠 수 있어야 한다. 근본적으로 이 말은 다른 사람을 종이 되도록 가르칠 수 있어야 한다는 말입니다. 이것은 사도 바울이 디모데에게 다른 사람을 섬기라고 하면서 권고했던 내용 중 하나이기도 합니다. "마땅히 주의 종은 다투지 아니하고 모든 사람을 대하여 온유하며 가르치기를 잘하며 참으며"(디모데후서 2:24). 종이라는 제도가 존재하는 나라에서는,

새로운 소년이 집안에 종으로 들어오면, 그는 먼저 견습자로서 훌륭한 종이 되는 법을 배우게 됩니다. 이때 오래된 종은 주인을 섬기는 일에 관하여 자신이 알고 있는 모든 것을 그에게 가르쳐 줍니다.

종은 오래 참는다. 이것은 모든 제자에게 필수적인 미덕입니다. 바울은 디모데에게 종으로서 오래 참으라고 권면했습니다(디모데후서 2:24 참조). 환경이 우리가 꼭 하려고 하는 일을 못하게 방해할 때, 이에 대해 짜증을 부리는 것은 오래 참지 못하는 탓입니다. 인내하지 못할 때 나타나는 결과 중 하나는 실망입니다. 종은 맡은 일을 하되, 그 일이 제 뜻대로 안 되더라도 실망해서는 안 됩니다. 이것은 우리가 제자로서 다른 사람과 함께 시간을 보내거나 일을 할 때도 마찬가지입니다. 우리는 그들을 섬기면서 실망하지 않으려면 인내가 필요합니다.

종은 온유하다. 온유는 종이 지녀야 할 특성으로서는 매우 흥미가 있지만 성경은 이렇게 말합니다. "거역하는 자를 온유함으로 징계할지니, 혹 하나님이 저희에게 회개함을 주사 진리를 알게 하실까 하며"(디모데후서 2:25). 바울은 거역하는 자들을 하나님의 말씀으로 훈계할 때는 온유함으로 하라고 디모데에게 권면했습니다. 거칠거나 언성을 높이거나 하면 사람들을 섬길 수가 없는 것입니다.

종은 순종한다. 순종은 섬기는 삶의 핵심이며, 또한 수많은 사람들이 섬기는 삶에 문제를 느끼고 있는 이유이기도 합니다. 사도 바울은 다음과 같이 말했습니다. "종들아, 두려워하고 떨며 성실한 마음으로 육체의 상전에게 순종하기를 그리스도께 하듯 하여, 눈가림만 하여 사람을 기쁘게 하는 자처럼 하지 말고 그리스도의 종들처럼 마음으로 하나님의 뜻을 행하여"(에베소서 6: 5-6). 그리스도인 지도자의 책임 중 하나는 '종들이 자기 상전들에게 범사에 순종하여 기쁘게 하고 거스려 말하지 말도록' 가르치는 것입니다(디도서 2:9 참조).

종은 헌신되어 있다. 종은 자기가 섬기는 사람에게 자신을 드리되, 마음을 다하여 섬깁니다. 가드 사람 잇대에게서 이와 같은 아름다운 모습을 찾아볼 수 있습니다. 다윗은 아들 압살롬의 반역으로 궁에서 쫓겨나 목숨을 건지기 위해 도망치는 중이었습니다. 이때 잇대도 다윗과 함께 갔는데, 다윗은 잇대를 설득하여 압살롬에게로 돌아가라고 했습니다. 그러자 잇대가 다윗 왕에게 이렇게 대답했습니다. "여호와의 사심과 우리 주 왕의 사심으로 맹세하옵나니, 진실로 내 주 왕께서 어느 곳에 계시든지 무론 사생하고 종도 그곳에 있겠나이다"(사무엘하 15:21).

종은 깨어 있다. 종은 주인의 필요 및 해야 할 일에 대해 주의하고 있어야 합니다. 예수님께서는 자주 깨어 있는 삶에 대해 말씀하셨습니다. "허리에 띠를 띠고 등불을 켜고 서 있으라. 너희는 마치 그 주인이 혼인집에서 돌아와 문을 두드리면 곧 열어주려고 기다리는 사람과 같이 되라"(누가복음 12:35-36).

종은 충실하다. 무슨 일이 있어도 종은 계속 자기 주인에게 충실합니다. 사울왕이 다윗을 죽이려고 추격하고 있을 당시 다윗은 그와 같은 평판을 들었습니다. 제사장 아히멜렉이 사울에게 이렇게 말했습니다. "왕의 모든 신하 중에 다윗같이 충실한 자가 누구인지요? 그는 왕의 사위도 되고 왕의 모신도 되고 왕실에서 존귀한 자가 아니니이까?"(사무엘상 22:14).

종은 주인에게 거슬러 말하지 않는다. 종은 주인을 존경하며 어떤 상황에서도 주인에게 거슬러 말하지 않습니다(디도서 2:9 참조). 집안이 화목할 때 종은 마땅히 할 일인 섬기는 일을 탁월하게 수행할 수 있게 됩니다.

종은 그리스도의 제자로서 성령 충만하다. 섬김의 삶을 살 수 있게 하는 힘은 성령으로부터 나옵니다. 오순절 날 베드로는 요엘의 예언이 이루어졌으며 성령의 시대가 도래했다고 외쳤습니다. "이는 곧 선지자 요엘로 말씀하신 것이니 일렀으되 '…그 때에 내가 내 영으로 내 남종과 여종들에게 부어 주리니…'"(사도행전 2:16,18).

참된 섬김을 하기 위해서는 성령의 능력 및 성령 충만이 꼭 필요합니다.

섬김과 제자의 도

성경은 주 예수 그리스도의 제자가 되려는 모든 사람은 주님의 종이 되어야 한다고 가르칩니다. 우리가 종으로 행동할 때, 이 사실은 모든 사람에게 알려질 것입니다.

사우스캐롤라이나주의 찰스턴에서 선교할 당시, 나는 토요일을 작업하는 날로 정하였습니다. 훈련 프로그램의 일부로서, 우리가 돕고 있는 사람들은 일을 하러 토요일에 우리 집으로 왔습니다. 우리 집에는 서른세 그루의 소나무가 있었는데 이것이 골칫거리였습니다. 집안 곳곳에 소나무 잎이 널려 있어서 하수도 구멍을 막기도 하고, 지붕 위에 떨어져 썩어 구멍을 내는 바람에 지붕이 새기도 했습니다.

어느 토요일, 여섯 사람이 지붕 위로 올라가 소나무 잎을 말끔히 치웠습니다. 이웃에 사는 사람이 이 광경을 보고 다가와서 "이 사람들을 어디서 구했지요?" 하고 물었습니다. 이 사람들은 내가 영적으로 도와주고 있는 사람들이라고 대답했더니, 그는 이해할 수 없다는 듯이 돌아갔습니다. 이 여섯 사람은 우리 지붕을 청소한 다음, 사다리를 옮겨 그 이웃의 지붕 위에도 올라가 소나무 잎을 깨끗이 치워 주었습니다. 바로 이것이 섬김입니다. 이전까지는 좀처럼 마음을 열지 않던 우리 이웃은 이 일을 통해 마침내 예수님을 향하여 마음을 열게 되었습니다.

섬김은 매우 실제적이며, 이는 매일의 삶 가운데서 일어납니다. 월요일 저녁이면 약 30명가량이 성경공부를 하러 우리 집에 옵니다. 성경공부가 끝나면 그들은 가구를 정돈하기도 하고, 집 안을 청소하기도 하고, 컵과 접시를 닦기도 했습니다. 이 사람들은 섬기는 종이었습니다.

우리가 영적으로 도와주었던 세 자매를 결코 잊을 수가 없습니다. 그들은 그리스도인이 된 후 아내에게 이렇게 묻곤 했습니다. "제가 할 만한 일이 없을까요? 다리미질할 것은 없어요? 집 안에 도와줄 일이 있어요?" 우리는 그들에게 어떤 것을 하라고 한 적이 없었습니다. 그들은 다만 주님과 우리를 섬기기를 원했던 것입니다. 그들은 참된 종이었습니다. 오늘날 그 세 자매는 모두 선교 현장에서 주님의 일에, 네비게이토 사역에, 가정 및 지역 사회에 계속 적극적으로 드려지고 있습니다.

많은 그리스도인들이 성경의 교리는 아주 잘 알고 있지만 섬김의 기술에 대해서는 생소합니다. 어떤 사람들은 열심히 성경 말씀을 공부하고 암송도 하지만, 섬기는 일에 시간을 들이는 것은 꺼려합니다. 이것은 오늘날 기독교계에서 가장 큰 취약점 중 하나입니다. 필요와 섬길 수 있는 기회는 많으나 섬기는 종은 거의 없는 실정입니다.

어떻게 종이 될 수 있는가

섬김은 매우 실제적인 것이며, 제자의 삶의 기본 요소입니다. 그러면 어떻게 하면 예수 그리스도와 다른 사람의 종이 될 수 있는지 몇 가지 제안을 드리고자 합니다.

궂은일도 기꺼이 하십시오

오늘날 서구 사람들에게 가장 가르치기 힘든 것 중 하나가 바로 이것입니다. 많은 사람들이 자신은 궂은일을 할 수 없다고 생각합니다. 그러나 사도 바울의 삶을 유의해 보십시오.

> 우리가 구원을 얻은 후에 안즉 그 섬은 멜리데라 하더라. 토인들이 우리에게 특별한 동정을 하여, 비가 오고 날이 차매 불을 피워 우리를 다 영접하더라. 바울이 한 뭇 나무를 거두어 불에 넣으니 뜨거움을 인하여 독사가 나와 그 손을 물고 있는지라. (사도행전 28:1-3)

사도 바울 일행은 심한 풍랑을 만나 배가 난파당한 후 겨우 어느 조그만 섬에 상륙했습니다. 비가 오고 날은 추웠습니다. 바울은 땔감을 주워 모았습니다. 그도 역시 편안히 쉴 수 있었고,

친절한 그 사람들이 모든 일을 하도록 내버려 둘 수도 있었습니다. 그러나 바울은 종이었습니다. 심지어 뱀에 물리는 비싼 대가를 치르면서까지 생생하게 종의 태도를 나타내 보였습니다. 어쩌면 이 일이 복음을 전할 기회를 마련해 주었는지도 모릅니다. 우리는 궂은일을 기꺼이 해야 합니다.

글렌에리에서 제자 훈련을 실시할 때 종종 처음으로 참석한 사람들에게 궂은일을 과제로 줍니다. 박사가 잔디를 깎는 조에서 땀을 흘리거나, 전문 엔지니어가 접시를 닦는 모습은 흔히 볼 수 있습니다. 직장 여성들이 손수 잠자리를 정돈하며, 간호사들은 주방 일을 거듭니다. 이것은 고등 교육을 받았거나 성공한 사람들이 실제적인 섬김을 배우는 훌륭한 기회가 되고 있습니다.

항상 섬길 수 있는 태세를 갖추십시오

종의 특성 중 하나는 언제라도 주인의 부름에 즉각 응할 태세를 갖추고 있어야 한다는 것입니다. 그리스도의 종 역시 하나님 및 자신이 섬기고 있는 사람들의 필요에 즉각 응할 수 있도록 몸과 마음의 준비를 갖추고 있어야 합니다. 우리는 예수님께서 부르셨을 때 여러 가지 핑계를 댄 자들처럼 되어서는 안 됩니다 (누가복음 9:59-62).

또 다른 사람에게 "나를 좇으라" 하시니,
그가 가로되, "나로 먼저 가서 내 부친을 장사하게 허락하옵소서."
가라사대, "죽은 자들로 자기의 죽은 자들을 장사하게 하고 너는 가서 하나님의 나라를 전파하라" 하시고,

또 다른 사람이 가로되, "주여, 내가 주를 좇겠나이다마는 나로 먼저 내 가족을 작별케 허락하소서."

예수께서 이르시되, "손에 쟁기를 잡고 뒤를 돌아보는 자는 하나님의 나라에 합당치 아니하니라" 하시니라.

주의 깊게 관찰하십시오

종은 다른 사람의 필요에 민감하게 깨어 있어야 합니다. 시편 기자는 이렇게 기록했습니다. "종의 눈이 그 상전의 손을, 여종의 눈이 그 주모의 손을 바람같이, 우리 눈이 여호와 우리 하나님을 바라며 우리를 긍휼히 여기시기를 기다리나이다"(시편 123:2). 히브리 가정에서는 손님의 필요를 손짓으로 종에게 전달하기 때문에 주인의 손을 잘 지켜보는 것이 종의 책임이었습니다.

도슨 트로트맨이 네비게이토 선교회의 회장으로 있을 때, 그는 글렌에리에 있는 고풍스럽고 넓은 집에서 살았습니다. 그 집에는 18명가량이나 앉을 수 있는 커다란 식당과 식탁이 있었습니다. 트로트맨 부부는 종종 사람들을 식사에 초대했는데, 나는 섬기는 자매들이 아무 얘기를 듣지 않고도 손님들의 필요를 너무 잘 채워 주어 깜짝 놀랐습니다. 나는 이것이 도대체 어떻게 된 일인지 몰라 마침내 라일라 트로트맨에게 물어보았더니, 이 모든 것이 시편 123:2에 근거한 것이라고 했습니다. 이 자매들은 도슨이나 라일라의 손을 잘 보고 있다가 어떤 손님의 필요를 알려 주면 곧바로 이해하고 섬기도록 배워 왔던 것입니다.

내가 네비게이토 선교회 간사가 되기 위해 훈련을 받을 당시, 나는 해야 할 일을 꼭 말로 지시할 필요는 없다는 사실을 배웠습니다. 집 안의 옷장 손잡이가 헐거우면 누가 시키지 않아도 드라

이버로 나사를 조일 것입니다. 또, 어린아이들이 방안을 어지럽히면 이를 정돈할 것입니다. 종은 누가 하라고 해서가 아니라 자신이 주도권을 쥐고 할 일은 무엇이든 해야 합니다. 이것이 바로 실질적인 섬김입니다.

한번은 란 욕(필리핀 네비게이토 선교회 책임자 역임)과 자동차를 타고 가던 중, 기름을 넣으려고 어떤 주유소에 들렀습니다. 란은 화장실에서 나오더니 주유소 주인에게 청소 도구와 화장지를 달라고 하여, 다시 들어가 더러웠던 화장실을 깨끗이 청소했습니다. 우리는 화장실에서 나올 때는 들어갈 때보다 더 깨끗하게 해 두도록 훈련되어 있었습니다. 아니, 공중화장실인데? 그렇습니다. 거기에도 역시 섬김의 원칙은 적용되기 때문입니다.

시킨 것보다 더 많이 하십시오

현대 사회는 철저히 시간의 지배를 받습니다. 그러므로 사람들은 하도록 지시받은 것만 할 뿐 그 이상은 안 합니다. 업무 시간을 초과하는 업무 지시를 받으면 시간외 근무 수당이나 기타 수당을 요구합니다. 그러나 참된 종은 해야 할 일뿐 아니라 더 합니다.

참된 종이 될 때의 결과

어떤 사람이 이와 같은 섬김의 특성을 나타낼 때 그의 삶에는 어떤 일이 일어나게 될까요? 성경은 그 '보상'에 대해 말해 줍니다.

그 종은 자기 주인의 섬김을 받게 될지도 모릅니다.

> 주인이 와서 깨어 있는 것을 보면 그 종들은 복이 있으리로다. 내가 진실로 너희에게 이르노니, 주인이 띠를 띠고 그 종들을 자리에 앉히고 나아와 수종하리라. 주인이 혹 이경에나 혹 삼경에 이르러서도 종들의 이같이 하는 것을 보면 그 종들은 복이 있으리로다. (누가복음 12:37-38)

자기의 모든 책임에 충성된 종은 그가 충성스럽게 섬기는 그 주인이 결국 알게 될 것입니다. 주인은 그 종에게 "잘하였도다, 착하고 충성된 종아. 네가 작은 일에 충성하였으매 내가 많은 것으로 네게 맡기리니 네 주인의 즐거움에 참예할지어다"(마태복음 25:21)라고 말할 것입니다.

하나님께서는 자기 종들에게 그들이 맡은 일을 행할 수 있는 지혜를 주십니다. 솔로몬은 왕이 되었을 때 다음과 같이 기도했습니다.

> 종은… 주의 빼신 백성 가운데 있나이다. 저희는 큰 백성이라. 수효가 많아서 셀 수도 없고 기록할 수도 없사오니, 누가 주의 이 많은 백성을 재판할 수 있사오리이까? 지혜로운 마음을 종에게 주사 주의 백성을 재판하여 선악을 분별하게 하옵소서. (열왕기상 3:7-9)

하나님께서는 지혜로운 마음을 달라는 솔로몬의 간구를 들어주셨고, 그리하여 솔로몬은 역사상 가장 지혜로운 사람 중에 하나가 되었습니다.

  하나님께서는 주님의 신실한 종을 존귀하게 해 주십니다. 예수님께서는 이렇게 말씀하셨습니다. "사람이 나를 섬기려면 나를 따르라. 나 있는 곳에 나를 섬기는 자도 거기 있으리니, 사람이 나를 섬기면 내 아버지께서 저를 귀히 여기시리라"(요한복음 12:26).

*　　*　　*

  제자는 섬기는 사람입니다. 종의 마음이 없으면 예수 그리스도의 참제자가 될 수 없습니다.

제 11 장

드리는 삶

제자는 정기적으로 헌금하며,
이를 통해 하나님을 영화롭게 한다.

우리가 그리스도인으로서 소유하고 있는 위대한 특권 중 하나는 자신의 물질을 하나님의 일에 드리는 것입니다. 헌금은 궁극적으로 주재권 결정과 관련이 있는데, 이는 자기 돈에 대한 지배권을 그리스도께로 넘겨드리는 것이기 때문입니다. 헌금은 또한 그리스도께서 우리를 구속하기 위하여 하신 일에 대한 감사의 증거입니다.

헌금은 천국에 투자하는 것이다

우리는 결코 이 세상의 물질이나 업적을 천국으로 가지고 갈 수가 없습니다. 예수님께서는 산상수훈에서 이렇게 말씀하셨습니다. "너희를 위하여 보물을 땅에 쌓아 두지 말라. 거기는 좀과 동록이 해하며 도적이 구멍을 뚫고 도적질하느니라. 오직 너희를 위하여 보물을 하늘에 쌓아 두라. 저기는 좀이나 동록이 해하지 못하며 도적이 구멍을 뚫지도 못하고 도적질도 못 하느니라"(마태복음 6:19-20).

예수님께서는 우리가 이 세상에 있는 가난한 자들에게 나눠 줌으로써 보화를 하늘에 투자하게 된다고 말씀하셨습니다. "예수께서 그를 보시고 사랑하사 가라사대, '네게 오히려 한 가지 부족한 것이 있으니, 가서 네 있는 것을 다 팔아 가난한 자들을 주라. 그리하면 하늘에서 보화가 네게 있으리라. 그리고 와서 나를 좇으라' 하시니"(마가복음 10:21). 이 사람은 그토록 많이 소유하고 있었지만, 천국에는 보화가 없었습니다.

바울은 드리는 일에 매우 후했던 빌립보 교회에 이렇게 편지했습니다. "내가 선물을 구함이 아니요, 오직 너희에게 유익하도록 과실이 번성하기를 구함이라"(빌립보서 4:17). 빌립보 교인들은 가난한 중에도 바울에게 물질적인 필요가 있을 때 도움의 손길을 보냈습니다. 그들은 드리는 일에 후했습니다. 우리가 무엇을 드리든지, 모두 우리의 천국 예금 통장에 저축될 것입니다.

하나님께서는 우리의 진정한 사랑의 수고를 잊지 않으실 것입니다. 이 세상 사람들은 우리를 알아주지 않을 수도 있고, 아무런 물질적 보상도 받지 못할 수도 있지만, 하나님께서는 결코 내가 주님을 위해 한 일을 잊지 않으실 것입니다. "하나님이 불의치 아니하사 너희 행위와 그의 이름을 위하여 나타낸 사랑으로 이미 성도를 섬긴 것과 이제도 섬기는 것을 잊어버리지 아니하시느니라"(히브리서 6:10). 주님을 경외하는 자는 재물을 흩어 빈궁한 자에게 주었으니 그 의가 영원히 기억되고 그는 영광을 받으며 높아질 것입니다(시편 112:9 참조). 이것은 죄의 관점에서 본 우리의 의를 말하는 것이 아니라, 헌금의 관점에서 본 우리의 바른 행동을 말하는 것입니다. 하나님의 백성을 도와 줌으로써 하늘에 보화를 쌓아 두게 됩니다. 이 원리를 잠언에서는 이렇게 말씀합니다. "가난한 자를 불쌍히 여기는 것은 여호와께 꾸이는 것이니 그 선행을 갚아 주시리라"(잠언 19:17).

드리는 삶의 축복

드리는 삶은 언제나 엄청난 축복을 가져옵니다. 예수님께서는 주는 것이 받는 것보다 복이 있다고 하셨습니다(사도행전 20:35). 우리는 다른 사람에게 줄 때 갑절의 축복을 받습니다. 우리는 주었기 때문에 축복을 받고, 또 우리가 준 그 사람들을 통해 축복을 받기 때문입니다.

후히 드릴 때, 하나님의 백성에게는 기쁨이 있습니다. 주는 자도 기뻐하며 받는 자도 기뻐합니다. 하나님께서는 다윗에게 하나님의 성전을 짓기 위해 재료를 모으라고 하셨습니다. 먼저 다윗은 자기의 보물들을 여호와께 드렸습니다. 그리고 그가 또 백성에게 여호와의 전을 짓기 위해 재료가 필요하다고 이야기했을 때, 백성들은 기쁨으로 드리기 시작했습니다. "백성이 자기의 즐거이 드림으로 기뻐하였으니 곧 저희가 성심으로 여호와께 즐거이 드림이며, 다윗왕도 기쁨을 이기지 못하여 하니라"(역대상 29:9).

우리는 해외 주둔 미군을 위한 어느 수양회에서 아시아에 주둔하는 미군 선교를 위해 4,025달러의 기금을 모으기로 계획하였습니다. 우리는 참석한 175명의 군인들에게 그 필요를 설명하고 헌금을 하게 되었습니다.

헌금된 금액을 계산하기 시작했는데, 금방 4,000달러가 넘었습니다. 집계 결과 거의 15,000달러나 되었습니다. 우리는 수양회 책임자인 짐 다우닝에게 가서 물었습니다. "짐, 나머지 금액은 어떻게 하지요?" 당시 짐은 네비게이토 선교회의 군인 선교 책임자로 있었기 때문에 다른 지역의 필요도 알고 있었습니다. 짐은 우리에게 그 필요들을 이야기한 뒤 함께 기도하고, 나머지 금액은 그 필요들을 위해 사용하기로 의견을 모았습니다.

우리는 수양회 참석자들에게 하나님께서 그들을 통해 하신 일을 이야기했습니다. 그리고 남은 금액은 하나님께서 우리 마음에 이와 같은 다른 계획도 주셔서 이 일에 사용하기로 했다고 하였습니다. 그리하여 이 수양회 분위기는 아주 활기가 넘치고, 모든 참석자들은 크게 기뻐했습니다. 그처럼 후히 드린 사람들을 통해 하나님은 역사하셨고, 이 일로 인하여 하나님께서 모든 영광을 받으셨습니다.

하나님께서는 우리의 필요를 공급하여 주신다

하나님께서는 우리의 영적, 육체적, 재정적 필요 등 모든 필요를 채워 주시겠다고 약속하십니다. 바울은 빌립보 교회가 자신을 물질적으로 풍성하게 도와준 데 대해 감사하면서, "나의 하나님이 그리스도 예수 안에서 영광 가운데 그 풍성한 대로 너희 모든 쓸 것을 채우시리라"(빌립보서 4:19)라고 확신 있게 말했습니다. 이 말은 우리가 우리의 물질을 드리면 하나님께서 우리의 모든 필요를 채워 주실 것이라는 의미입니다.

그리스도인들이 때때로 계속적으로 경제적 어려움을 겪는 이유 중 하나는 드리는 삶에 실패했기 때문입니다. 그리스도인이 자기 수입으로써 하나님을 영화롭게 하지 않는다면, 그는 재정적인 어려움을 겪게 될 것입니다.

내가 쓴 책인 거듭난 삶에서 이미 말씀드린 바 있는데, 하나님께서는 해외 선교 여행에 필요한 경비를 놀라운 방법으로 공급해 주신 적이 있습니다. 하나님께서는 기이한 방법으로 우리가 어느 부부를 만나게 해 주셨습니다. 그들은 우리의 필요에 관심을 가지고, 고향의 어느 사회 사업회에 우리의 필요를 얘기하는 한편, 소 몇 마리를 팔았습니다. 이 부부는 가축을 판 이익금에다 사업회의 보조금을 합쳐 623달러 20센트를 보내왔는데 이 금액은 우리가 목적지까지 여행하는 데 필요했던 금액과 정확하게 같았습니다. 우리가 거기서 돌아올 때가 되었는데 또 여행비가 없었습니다. 우리는 이를 위해 기도했습니다. 주님께서는 23명의 마음을 움직여 여행비 전액을 보내 주셨습니다. 하나님께서는 자기 자녀들의 필요를 채워 주시겠다는 자신의 약속을 지키십니다.

어느 해 크리스마스 때가 다가올 무렵, 우리는 700달러의 빚이 있는 것을 발견하고, 새해가 되기 전에 갚기를 원했습니다. 우리는 이 문제를 위해 기도는 했으나, 아무에게도 우리의 필요를 알리지는 않았습니다. 크리스마스 며칠 전에 다른 도시에 살고 있는 한 부부로부터 편지 한 통을 받게 되었습니다. 이들은 예전에 우리가 영적으로 도운 적이 있었습니다. 그런데 그 편지에는 200달러짜리 수표 한 장이 동봉되어 있는 것이었습니다. 바로 그날, 우리가 받은 크리스마스카드들 속에서도 60달러, 50

달러, 50달러짜리 수표가 발견되었습니다. 그날 저녁 한 부부가 아주 신이 나서 우리 집에 찾아왔습니다. 남편 되는 사람이 이렇게 말했습니다. "하나님께서는 올해 우리를 참으로 축복해 주셨습니다. 오늘은 회사에서 예기치도 않았던 엄청난 보너스를 받았는데, 우리를 영적으로 도와주시는 당신과 함께 나누어 갖고 싶습니다." 그는 즉석에서 1,000달러짜리 수표를 끊어 주었습니다. 하나님께서는 우리의 기도에 응답하셔서 우리의 필요를 채워 주실 뿐만 아니라, 크리스마스를 위한 비용까지도 공급해 주셨던 것입니다.

하나님께서는 우리가 드린 대로 축복해 주신다

하나님께서는 단지 우리의 필요를 채우는 것 이상으로 우리에게 축복을 주시기를 원하십니다. 예수님께서는 제자들에게 이렇게 말씀하셨습니다. "주라. 그리하면 너희에게 줄 것이니, 곧 후히 되어 누르고 흔들어 넘치도록 하여 너희에게 안겨 주리라. 너희의 헤아리는 그 헤아림으로 너희도 헤아림을 도로 받을 것이니라"(누가복음 6:38). 고린도후서 9장에서도 동일한 원리를 말씀합니다. "이것이 곧 적게 심는 자는 적게 거두고 많이 심는 자는 많이 거둔다 하는 말이로다"(6절). 어떤 형태로 하나님의 축복이 올 것인가는 우리가 결정할 수 없습니다. 그러나 우리가 드린 양에 의해 축복의 양을 결정할 수는 있습니다.

하나님께서는 풍성하게 공급해 주신다

하나님의 창고는 결코 바닥이 나지 않습니다. 우리가 드린 것보다 하나님께서는 훨씬 더 많이 돌려주십니다. 사실, 하나님께서는 후히 드리는 자에게 후히 부어 주시는 것입니다. 하나님께서는 이렇게 말씀하셨습니다. "만군의 여호와가 이르노라. 너희의 온전한 십일조를 창고에 들여 나의 집에 양식이 있게 하고, 그것으로 나를 시험하여 내가 하늘 문을 열고 너희에게 복을 쌓을 곳이 없도록 붓지 아니하나 보라"(말라기 3:10). 잠언에서는 하나님의 풍성하신 공급에 대하여 이렇게 말씀합니다. "흩어 구제하여도 더욱 부하게 되는 일이 있나니, 과도히 아껴도 가난하게 될 뿐이니라. 구제를 좋아하는 자는 풍족하여질 것이요, 남을 윤택하게 하는 자는 윤택하여지리라"(잠언 11:24-25). "네 재물과 네 소산물의 처음 익은 열매로 여호와를 공경하라. 그리하면 네 창고가 가득히 차고, 네 즙 틀에 새 포도즙이 넘치리라"(잠언 3:9-10). 하나님께서는 이와 같이 우리에게 필요한 것보다 더 많이 공급해 주실 것입니다.

이러한 은혜스럽게 드리는 삶을 생생하게 보여 주는 사람으로 네비게이토 선교회 간사인 하비 오슬런드가 있습니다. 나는 그토록 많이 드리는 사람을 만난 적이 없습니다. 그의 선교 사역을 통해 배출되는 사람들 역시 후히 드리는 사람들입니다. 하비는 드리는 삶에 대하여 능력 있게 설교할 뿐 아니라, 자신의 삶으로 직접 보여 줍니다. 우리가 그를 방문할 때면 그는 우리가 아무것도 지불하지 못하게 합니다. 그가 우리를 방문하였을 때도 그는 여전히 자신이 모든 것을 다 내고 싶어 합니다. 그래서 우리는 그에게 우리에게도 후히 드릴 수 있는 기회와 특권을 달라고 부탁할 정도입니다.

도슨 토로트맨에게 네비게이토 훈련을 받을 특권을 가졌던 우리는 도슨이 무척이나 후한 사람인 것을 기억합니다. 누군가가 도슨이 입은 셔츠가 멋있다고 경탄하면, 그것을 벗어 줄 정도였습니다. 그리스도인이 된 지 얼마 안 되었을 때, 도슨은 드리는 삶의 은혜를 발견했습니다. 그의 생애의 마지막 순간에도 자기 생명을 다른 사람을 위해 바치고 하나님 품으로 갔습니다.

우리가 드리는 삶을 통하여 받는 축복들은 이 외에도 많습니다. 초대 교회는 서로에게 아낌없이 주었기 때문에 하나 됨과 사랑과 기쁨, 한마음, 찬양, 그리고 믿는 자의 수적인 증가 등을 경험했습니다(사도행전 2:44-47 참조).

드리는 태도

여기서는 우리가 주님과 주님의 일에 어떤 태도로 드려야 하는지에 대해 아홉 가지만 살펴보고자 합니다.

1. 자원하여 즐거이 드려야 한다. 드리는 일은 결코 인색함으로나 억지로 해서는 안 됩니다. 앞에서 다윗 시대의 백성들이 "성심으로 여호와께 즐거이" 드렸던 사실을 보았습니다(역대상 29:9 참조). 다윗은 이렇게 기도하였습니다. "나의 하나님이여, 주께서 마음을 감찰하시고 정직을 기뻐하시는 줄 내가 아나이다. 내가 정직한 마음으로 이 모든 것을 즐거이 드렸사오며, 이제 내가 또 여기 있는 주의 백성이 주께 즐거이 드리는 것을 보오니 심히 기쁘도소이다"(역대상 29:17).

신약성경에서도 이 원리를 가르칩니다. "할 마음만 있으면 있는 대로 받으실 터이요 없는 것을 받지 아니하시리라"(고린도후서 8:12). "각각 그 마음에 정한 대로 할 것이요 인색함으로나 억지로 하지 말지니, 하나님은 즐겨 내는 자를 사랑하시느니라"(고린도후서 9:7).

2. 기쁨으로 드려야 한다. 헌금이란 자신도 드리는 일에 참여할 수 있다는 사실을 큰 특권으로 생각하고, 넘쳐 나는 기쁨으로 드리는 것이어야 합니다. 빌립보 교회는 기쁨으로 드리는 교회로 널리 알려져 있었습니다. "형제들아, 하나님께서 마게도냐 교회들[빌립보 교회가 여기에 포함됨]에게 주신 은혜를 우리가 너희에게 알게 하노니, 환난의 많은 시련 가운데서 저희 넘치는 기쁨과 극한 가난이 저희로 풍성한 연보를 넘치도록 하게 하였느니라"(고린도후서 8:1-2).

3. 신중하게 드려야 한다. 무엇을 누구에게 얼마만큼 드릴 것인가를 결정할 때는 반드시 기도한 후에 결정해야 합니다. 이것이 다음 말씀의 의미입니다. "각각 그 마음에 정한 대로 할 것이요, 인색함으로나 억지로 하지 말지니"(고린도후서 9:7).

4. 올바른 마음으로 드려야 한다. 감추어진 동기나 불순한 동기, 특히 보상을 바라는 동기로 드려서는 안 됩니다. 다윗은 '정직한 마음으로' 드렸다고 하나님께 고백했습니다(역대상 29:17 참조).

5. 자비로운 마음으로 드려야 한다. 이게 시편 기자의 태도였습니다. "악인은 꾸고 갚지 아니하나, 의인은 은혜를 베풀고 주는도다"(시편 37:21).

6. 다른 사람의 유익을 위하여 드려야 합니다. 사도 바울은 로마 교인들에게 "성도들의 쓸 것을 공급하라"(로마서 12:13)라고 권면하였습니다. 또 고린도 교인들에게는 이렇게 말했습니다.

> 이는 다른 사람들은 평안하게 하고 너희는 곤고하게 하려는 것이 아니요 평균케 하려 함이니, 이제 너희의 유여한 것으로 저희 부족한 것을 보충함은 후에 저희 유여한 것으로 너희 부족한 것을 보충하여 평균하게 하려 함이라. 기록한 것같이 많이 거둔 자도 남지 아니하였고 적게 거둔 자도 모자라지 아니하였느니라. (고린도후서 8:13-15)

7. 후히 드려야 합니다. 이에 대한 말씀들은 이미 여러 번 살펴보았습니다. 바울은 영적 은사에 대해 말하면서, 드리는 일에 대하여 이렇게 말했습니다. "남을 구제하는 사람은 후하게 하십시오"(로마서 12:8, 현대인의 성경).

8. 희생적으로 드려야 합니다. 마게도냐의 교회들은 희생적으로 드렸습니다(고린도후서 8:2-3 참조). 이러한 헌금의 가장 아름다운 예는 어느 과부가 한 것입니다.

> 예수께서 눈을 들어 부자들이 연보 궤에 헌금 넣는 것을 보시고, 또 어떤 가난한 과부의 두 렙돈 넣는 것을 보시고 가라사대, "내가 참으로 너희에게 말하노니, 이 가난한 과부가 모든 사람보다 많이 넣었도다. 저들은 그 풍족한 중에서 헌금을 넣었거니와, 이 과부는 그 구차한 중에서 자기의 있는 바 생활비 전부를 넣었느니라" 하시니라. (누가복음 21:1-4)

9. 은밀하게 드려야 합니다. 이것은 반드시 무명으로 해야 한다는 뜻은 아닙니다. 남들 앞에서 자기가 헌금한 것을 자랑하지 말라는 의미입니다. 예수님께서 이렇게 말씀하셨습니다.

> 사람에게 보이려고 그들 앞에서 너희 의를 행치 않도록 주의하라. 그렇지 아니하면 하늘에 계신 너희 아버지께 상을 얻지 못하느니라.… 너는 구제할 때에 오른손의 하는 것을 왼손이 모르게 하여 네 구제함이 은밀하게 하라. 은밀한 중에 보시는 너의 아버지가 갚으시리라. (마태복음 6:1,3-4)

1950년대에 나는 네비게이토 선교회 본부에서 훈련을 받은 적이 있었습니다. 우리는 방과 책뿐 아니라, 생활비로 매월 30불씩 지급받았습니다. 특별한 일이 없는 한 그 돈으로 한 달을 충분히 살아갈 수 있었습니다. 때로는 약간씩의 돈이 남기도 했습니다. 나는 남은 돈을 네비게이토 선교회에 되돌려 주어야겠다는 생각이 들어, 월말에 사무실로 가서 아무도 모르게 남은 돈을 거기에 두고 왔습니다. 두세 번 그렇게 한 것으로 기억되는데, 그 후 주님께서는 이 일을 공개적으로 하라는 확신을 주셨습니다. 그래서 남은 돈을 봉투에 넣어 아무도 이 프랜시스 코스그로브에게 영광을 돌리지 않도록 무명으로 우편을 통해 사무실로 부쳤습니다.

무엇을 위해 드릴 것인가

하나님께서는 우리가 궁핍한 자들에게 나눠 주기를 원하십니다. 야고보서에서는 이렇게 말씀합니다. "만일 형제나 자매나 헐벗고 일용할 양식이 없는데 너희 중에 누구든지 그에게 이르되, '평안히 가라. 더웁게 하라. 배부르게 하라' 하며 그 몸에 쓸 것을 주지 아니하면 무슨 이익이 있으리요?"(야고보서 2:15-16).

캘리포니아주의 오클랜드시의 네비게이토 선교회 간사의 집에서 살고 있을 때, 나는 야고보서를 공부하던 중 이 구절을 대하게 되었습니다. 나는 함께 생활하고 있는 한 형제의 필요를 위해 헌금을 하기로 적용하였습니다. 나는 저축한 돈이 있는 반면 그는 재정적으로 쪼들리고 있었습니다. 나는 저축한 돈을 찾아 그의 필요를 위해 헌금했습니다.

전에는 도둑질을 하는 사람이었으나 지금은 그리스도께로 돌아온 어떤 사람에게 바울은 가난한 사람들을 구제하는 일에 힘쓰라고 권면했습니다. "도적질하는 자는 다시 도적질하지 말고, 돌이켜 빈궁한 자에게 구제할 것이 있기 위하여 제 손으로 수고하여 선한 일을 하라"(에베소서 4:28).

우리 주위나 우리 교회 내에는 가난한 사람들이 많이 있습니다. 내가 코럴리지 장로교회에서 봉사하고 있을 때의 일입니다. 그 교회에는 봉사 기금이 마련되어 있었는데, 나는 교회 내에서 어려운 처지에 있는 사람을 발견하면, 그 사람을 위해 그 기금에서 필요한 재정적 지원을 하도록 요청하는 권한을 부여받았습니다. 모든 교회는 성도들 및 주위 사람들의 물질적 필요를 채워 주기 위한 계획을 가지고 있어야 합니다.

성경은 하나님의 백성들에게 주님을 위해 수고하는 전임 사역자들을 재정적으로 지원하라고 명합니다. 구약성경을 보면, 이스라엘 민족은 레위 지파를 물질적으로 돌보아 주어야 한다는 다짐을 받았습니다. 레위 지파는 성막에서, 그리고 율법의 교사로서, 하나님을 섬기는 사람들이었습니다. 모세는 이스라엘 민족에게 "너는 삼가서 네 땅에 거하는 동안에 레위인을 저버리지 말지니라"(신명기 12:19)라고 말했습니다. 백성들은 이 경건한 일꾼들의 필요를 채워 줄 책임이 있었습니다.

우리는 우리의 소유물로 주님을 위하여 일하는 사람들을 도와주어야 합니다. 복음서에 다음과 같은 아름다운 예가 있습니다. 예수님께서 열두 제자와 함께 각 성과 촌에 두루 다니시며 복음을 전파하실 때, 악귀를 쫓아내심을 받고 병 고침을 받은 어떤 여자들은 예수님 일행과 함께하며 자기들의 소유물로 섬겼습니다(누가복음 8:3 참조).

또한 우리는 우리를 가르치는 사람들을 지원해야 합니다. 사도 바울은 갈라디아 교인들에게 이렇게 말했습니다. "가르침을 받는 자는 말씀을 가르치는 자와 모든 좋은 것을 함께하라"(갈라디아서 6:6).

에바브로디도는 훌륭한 본을 보여 줍니다. 바울은 그에 대하여 이렇게 썼습니다. "그러나 에바브로디도를 너희에게 보내는 것이 필요한 줄로 생각하노니, 그는 나의 형제요 함께 수고하고 함께 군사 된 자요 너희 사자로 나의 쓸 것을 돕는 자라"(빌립보서 2:25). 그는 여러 가지 방법을 통해 바울의 필요를 채워 주었습니다.

오네시보로 역시 바울을 도운 사람입니다. "원컨대 주께서 오네시보로의 집에 긍휼을 베푸시옵소서. 저가 나를 자주 유쾌케 하고, 나의 사슬에 매인 것을 부끄러워 아니하여 로마에 있을 때에 나를 부지런히 찾아 만났느니라.… 또 저가 에베소에서 얼마큼 나를 섬긴 것을 네가 잘 아느니라"(디모데후서 1:16-18).

우리가 하나님의 말씀으로 도움을 받고 있는 교회에서 헌금을 하게 될 때, 헌금 종류에 따라 자신의 헌금을 기도하는 마음으로 분배하는 일은 당신이 할 일입니다.

하나님의 일은 또한 여러 기독교 기관들을 통해서도 이루어집니다. 이 기관들은 여러 가지로 우리를 도와주고 있을 것입니다. 그렇다면 우리에게는 그들을 재정적으로 지원할 책임이 있습니다. '전도 폭발' 프로그램은 많은 코럴리지 장로교회 교인들의 삶에 지대한 영향을 주었기 때문에 그들은 이 기관에 헌금하고 있습니다. 이것은 지역 교회에 드리는 헌금과는 별도로 드리는 것입니다. 내가 속한 네비게이토 선교회는 전 세계의 수많은 사람들에게 도움을 주고 있으며, 이 도움을 받고 있는 많은 사람들이 네비게이토 선교회의 사역을 위해 헌금합니다. 이것은 다른 선교 기관에 대해서도 마찬가지입니다.

이러한 기독교 기관마다 개인이나 행정, 또는 특별한 활동을 위한 재정적인 필요가 있습니다. 우리는 그들이 우리의 친구이며 우리의 삶에 도움을 주어 왔기 때문에, 또는 우리가 그들을 통해 세계의 다른 지역에서의 복음의 확장에 참여하기를 원하기 때문에 그들에게 헌금합니다. 또한, 각 기관들은 일선 선교지뿐 아니라 그들을 지원하는 행정적인 부서도 기능을 잘 발휘해야 하기 때문에 이를 위해서도 재정적 지원을 하는 것입니다.

헌금을 위한 실제적 지침

헌금을 새로이 시작하거나 또는 보다 향상시킬 수 있는 실제적인 지침을 몇 가지 살펴보기로 하겠습니다.

11%로 시작할 것

우리는 말라기를 통해, 하나님께서 우리에게 축복하여 주신 양에 따라 헌금을 드리라는 하나님의 말씀을 이미 살펴본 바 있습니다(말라기 3:10 참조). 가장 좋은 헌금 방법은 %를 사용하는 것입니다. 나는 언제나 돕고 있는 사람들에게 총수입의 11%부터 시작하라고 제안해 왔습니다. 11% 중 10%는 순종하는 마음으로 하는 것이요 1%는 사랑으로 드리는 것입니다. 어떤 사람이 매주 500달러를 번다면 매주 11% 즉 55달러를 드려야겠지요. 하나님께서 축복해 주시고 이끌어 주심에 따라 헌금의 비율도 높여 가야 합니다. 해군에 복무할 당시, 나는 주님의 일을 위해 내 수입의 상당한 비율을 헌금할 수 있었습니다. 당시 나는 누구를 부양할 책임이나 빚이 없는 독신이었으므로 모든 것을 하나님께 의뢰할 수 있었습니다. 어쩌면 그때가 내 생애에서 가장 많이 헌금할 수 있었던 때였을 것 같습니다. 결혼 후 우리는 다시 15%로 시작했으며, 주님께서 축복하여 주시고 인도하여 주심에 따라 점점 그 비율을 높여 왔습니다.

주님께 먼저 드릴 것

헌금에 대한 성경의 가르침은 주님께 먼저 드려야 한다는 것입니다. 바울은 다음과 같이 제안했습니다. "매 주일 첫날에 너희 각 사람이 이를 얻은 대로 저축하여 두어서 내가 갈 때에 연보를 하지 않게 하라"(고린도전서 16:2).

지속적으로 드릴 것

이것은 매주 헌금을 해야 한다는 말이 아니라 정기적이어야 한다는 것입니다. 한 달에 두 번 봉급을 받으면 한 달에 두 번 드려도 좋고, 매 월말에 드리기로 계획하였다면 월말에 드려도 좋습니다. 중요한 것은 지속적으로 헌금해야 한다는 점입니다. 이것이 바로 앞서 인용한 바 있는 고린도전서 16:2의 가르침이기도 합니다.

특별 헌금을 할 것

어떤 개인이나 교회 또는 선교 기관에 때때로 특별한 필요가 있을 경우가 있는데, 이를 위해서 특별 헌금을 하는 것은 우리의 특권입니다. 이것은 주님께서 우리에게 축복해 주신 것으로써 후히 드릴 수 있는 기회가 됩니다. 하나님의 창고는 결코 바닥이 나지 않는다는 사실을 명심하십시오!

자신의 약속을 존중할 것

헌금의 비율이나 액수를 작정할 때는 자신이 이 약속을 지킬 수 있는지 확인하십시오. "오직 너희 말은 옳다 옳다, 아니라 아니라 하라. 이에서 지나는 것은 악으로 좇아 나느니라"(마태복음 5:37)라고 하신 예수님의 교훈을 기억하십시오. 하나님의 도우심 가운데 자신이 할 수 있는 분량을 결정하십시오. 일단 얼마를 드리기로 하나님 앞에서 마음에 작정을 했다면 이 약속을 어기지 마십시오.

그러나 수입이 떨어져 자신이 드리기로 한 헌금을 정기적으로 드릴 수 없는 경우에는, 헌금하고 있는 교회나 선교 기관, 또는 개인에게 분명하게 알리십시오. 이것은 그들에 대한 예의일 뿐 아니라, 그들이 선교 후원금을 다시 책정하는 데 도움을 줍니다. 나의 경우에도 후원해 주던 사람들이 부득이 헌금 액수를 줄이거나 또는 더 이상 후원할 수 없다고 알려 올 때 참으로 고마움을 느꼈습니다.

*　　*　　*

드리는 삶은 제자의 특권이요 영예입니다. 성경의 교훈대로, 하나님께서는 우리가 하나님 및 하나님의 일꾼들에게 기쁨으로 아낌없이 드린 것을 축복하십니다. 우리는 지금 우리가 장차 예수 그리스도 앞에 서는 날에 받을 큰 상급의 일부가 될 보화를 하늘에 쌓고 있는 것입니다.

제 12 장
성령의 열매

제자는 그리스도 및 주위 사람들과
아름다운 관계를 맺음으로써 성령의 열매를 나타낸다.

제자는 실제 삶을 통하여 자신이 예수 그리스도를 따르는 사람임을 분명히 보여 주어야 합니다. 다른 사람들이 그의 삶 속에서 성령의 열매를 찾아볼 수 있어야 한다는 것입니다. 제자는 성경에서 말씀하는 성령의 열매를 실제 삶에서 나타내어야 합니다. "오직 성령의 열매는 사랑과 희락과 화평과 오래 참음과 자비와 양선과 충성과 온유와 절제니 이 같은 것을 금지할 법이 없느니라"(갈라디아서 5:22-23).

성령의 열매란 무엇인가

매슈 헨리는 성령으로 말미암아 나타나는 열매에 대한 우리의 이해를 돕기 위해 다음과 같이 설명했습니다.

특별히 권고하는 것으로 **사랑**이 있는데 이는 하나님을 사랑하고 또 서로 사랑하는 것이며, **희락**이란 친구와 대화할 때 즐거워하며, 특히 하나님 안에서 항상 기뻐하는 태도를 의미하며, **화평**이란 하나님과 양심으로 더불어 화평하며, 다른 사람들을 향한 평화로운 성품과 행동을 말한다. **오래 참음**이란 성내기를 더디 하는 것과 다른 사람이 나에게 해를 입힐 때 너그러이 용납하는 태도를 말하며, **자비**란 자애로운 성품, 특히 우리가 우리보다 아래에 있는 사람들에 대하여 상냥하고 예의 있게 대하며, 어느 누가 우리에게 잘못을 저질렀더라도 너그러이 대하는 것이며, **양선**이란 기회 있는 대로 모든 사람들에게 선을 행하는 것이며, **충성**이란 우리가 다른 사람들에게 한 말과 약속에서의 충실과 정의 및 정직을 말하며, **온유**란 우리의 혈기와 분노를 다스림으로써 쉽게 격노하지 않으며, 설사 화가 났을 때에도 곧 가라앉히는 것을 말하며, **절제**란 먹고 마시는 일이나 삶을 즐김에서 지나치지 않게 분수를 지키는 것을 말한다. 이러한 일들이나 성령의 이러한 열매들이 발견되는 사람들을 금지할, 즉 정죄하고 처벌할 법은 없다고 사도 바울은 말한다.

갈라디아서에서 열거한 성령의 열매를 세어 보면 9가지인데, 이 숫자는 성경에서 그리 흔하지 않습니다. 그러나 가끔 나타나기도 하는데, 이 숫자는 모종의 의미를 담고 있습니다. 학자들은 9란 3×3에서 나온 것으로 궁극성 또는 완전성을 상징하는 숫자로 믿습니다.

성령의 열매는 밖으로 나타난다

갈라디아서에서 열거한 열매는 성령의 열매를 구체적으로 보여 줍니다. 우리가 예수 그리스도를 개인의 구주와 주님으로 영접할 때, 우리는 성령에 의해 세례를 받습니다. 성령은 우리의 심령 속에 거하시고 우리는 그의 성전이 됩니다. 그가 우리 안에 거하신다는 증거는 그 열매를 통하여 나타납니다.

이것은 우리에게 한 가지 중요한 질문을 제기합니다. '성령의 열매는 모든 신자의 삶 속에서 찾아볼 수 있는가?' 우리는 분명히 그렇다는 것은 알지만 많은 경우 그렇지 못한 것이 현실입니다. 그런가 하면 성령의 열매를 아름답게 나타내고 있는 사람들도 있습니다.

내가 처음 포트로더데일에 갔을 때, 나는 곧 짐 케네디 목사에게 매료되었습니다. 케네디 목사는 그의 삶에서, 예수 그리스도와 깊은 관계를 가지며, 주님과 매일 동행하는 매력적인 삶을 아주 생생하게 나타내 보였기 때문에, 나는 그를 따르기를 원했습니다. 이것은 그를 우상화하려는 것이 아니라, 하나님께서 다른 사람의 삶을 사용하셔서 우리 삶을 더욱 깊이 있게 하신다는 사실을 말씀드리려는 것입니다.

열매의 비유

바울은 열매에 대해 언급할 때, 누구나 쉽게 이해할 수 있도록 농사짓는 일에 비유하여 설명했습니다. 열매란 씨앗을 뿌릴 때 바라는 결과입니다. 농부는 씨앗을 뿌릴 때 열매를 기대합니다. 농부는 최상의 열매를 거두기 위해 그 밭을 정성스럽게 가꿉니다. 또 농작물 주변의 잡초를 제거해야 하며, 가장 많은 열매를 맺도록 하기 위하여 끊임없이 보살펴 줍니다. 과수원에서는 정기적으로 나뭇가지를 쳐 주어야 합니다. 마침내 추수의 계절이 오면, 열매는 수확되어 그곳에서 소비되거나 다른 곳으로 팔려 나가는 것입니다.

열매는 생명이 있다는 증거입니다. 그 씨앗 속에 생명이 없다면 열매도 없을 것입니다. 열매는 성숙에 이른 결과입니다. 즉 한 생명 주기의 완성인 동시에 또 하나의 생명 주기의 시작입니다. 씨앗은 열매를 맺고, 그 열매로부터 이듬해를 위한 더 많은 씨앗이 나옵니다. 이 과정 속에서 우리는 씨앗과 열매의 배가를 보게 됩니다.

영적인 영역의 열매는 예수 그리스도와의 올바른 관계의 결과입니다. 이 열매는 예수 그리스도의 성령이 우리 안에 계신다는 사실을 증거합니다. 씨앗이 심기어 싹이 나고 보살핌을 받아 자라고 꽃이 피고 성숙하여 반드시 열매를 맺듯이 영적인 성장 과정도 역시 열매를 맺어야 합니다. 우리 자신이 어떠한 사람인지는 우리가 맺은 열매로 알려집니다. 예수님께서는 "이러므로 그의 열매로 그들을 알리라"(마태복음 7:20)라고 말씀하셨습니다. 우리가 맺은 열매가 우리가 예수님 안에 있다는 증거입니다.

성령의 열매는 매력을 준다

잘 가꾼 과일은 탐스럽습니다. 황금빛 곡식 물결과 무르익은 열매가 주렁주렁 달린 과수원은 우리의 관심을 끕니다. 무르익은 열매가 달린 나무들의 모습은 참으로 멋진 광경입니다. 사과, 배, 오렌지…. 우리는 에덴동산의 과일들이 탐스러웠던 것을 압니다. 이는 하와가 "그 나무를 본즉 먹음직도 하고 보암직도 하였기"때문입니다(창세기 3:6).

우리는 하나님과 동행해야 한다

사람들은 매력적인 삶을 살아가는 사람을 보면 거기에 반응을 보이게 마련입니다. 우리 모두는 우리가 본받고 싶은 삶을 살고 있는 그리스도인들을 알고 있습니다. 우리는 마땅히 매력적인 삶을 살고 있는 그리스도인들을 찾기 위해 교회와 기독교 기관과 직장과 마을을 둘러보아야 합니다. 우리는 그들로부터 자극을 받지 않을 수 없으며, 그들처럼 되고 싶어 합니다. 그러나 그들처럼 되려면 단지 그들이 예수 그리스도를 따르고 있듯이 우리는 그들을 따라야만 하는 것입니다.

교회사를 통해 보면, 많은 그리스도인의 전기가 우리에게 매력적인 삶을 보여 줍니다. 우리가 그들의 전기를 읽으면서 그들이 예수님과 동행하면서 보여 준 경건한 삶의 모습을 보면, 우리도 그들처럼 그리고 예수님처럼 되기를 원하게 됩니다.

성경은 우리에게 매력적인 삶을 살라고 권면합니다. 사도 바울은 문제가 많았던 고린도 교회에 이렇게 편지했습니다. "내가 그리스도를 본받는 자 된 것같이 너희는 나를 본받는 자 되라"(고린도전서 11:1). 바울은 이 세상에서 가장 매력적인 삶의 본을 따랐습니다. 다른 편지에서 바울은 이렇게 적었습니다. "너희는 내게 배우고 받고 듣고 본 바를 행하라"(빌립보서 4:9). 바울은 예수 그리스도와 매력적인 관계를 맺고 있었는데, 이는 그를 따르는 사람들이 직접 목격할 수 있었습니다.

하나의 모본에만 의존할 필요는 없지만, 여하튼 우리는 매력적인 삶을 살아야 합니다. 사도 베드로는 "우리 주 곧 구주 예수 그리스도의 은혜와 저를 아는 지식에서 자라 가라"(베드로후서 3:18)라고 권면했습니다. 베드로는 첫 번째 편지에서 이렇게 말했습니다.

> 죄가 있어 매를 맞고 참으면 무슨 칭찬이 있으리요? 오직 선을 행함으로 고난을 받고 참으면 이는 하나님 앞에 아름다우니라. 이를 위하여 너희가 부르심을 입었으니 그리스도도 너희를 위하여 고난을 받으사 너희에게 본을 끼쳐 그 자취를 따라오게 하려 하셨느니라. (베드로전서 2:20-21)

성경은 "하나님이 미리 아신 자들로 또한 그 아들의 형상을 본받게 하기 위하여 미리 정하셨으니"(로마서 8:29)라고 말씀합니다.

우리는 장차 예수 그리스도의 형상으로 변화될 것이며, 이는 사람들에게 굉장히 매력을 줄 것입니다. 그러므로 성경은 우리에게 죄 가운데 살고 있는 자들과는 달리 "오직 주 예수 그리스도로 옷 입고 정욕을 위하여 육신의 일을 도모하지 말라"(로마서 13:14)라고 권면합니다.

우리는 불신자들에게 매력을 주어야 한다

불신자들이 아무리 인정하기를 싫어한다 할지라도 그들은 예수님을 따르는 그리스도인에게는 마음이 끌리게 마련입니다.

유대인의 지배 기구인 산헤드린 공회 앞에 끌려 나온 베드로와 요한의 경우가 바로 그것입니다. 심지어 산헤드린의 구원받지 못한 공회원들까지도 베드로와 요한의 놀라운 용기를 인정했으며, 또한 그들이 예수님과 함께 있었다는 사실도 알았습니다. 베드로와 요한은 이처럼 성령의 열매를 맺고 있었고, 이것은 산헤드린 공회원들에게까지 매력을 주었습니다.

새 신자 안에 있는 예수 그리스도의 생명은 매우 잘 드러나며 사람들의 주의를 끕니다. 하나님께서 한 사람을 구속하실 때는 언제나 이러한 일이 일어나야 합니다. 나는 한 고등학생을 그리스도께로 인도하는 특권을 가졌던 적이 있습니다. 킴 로버츠라고 하는 이 학생은 고등학교의 학생회장이었습니다. 또 그는 학생들에게 인기가 대단했고 학교 내의 온갖 타락한 활동을 주관하기도 했습니다. 그는 그리스도인이 된 후 코럴리지 장로교회에서 전도 훈련을 받고 수십 명의 고등학교 친구들을 주님께로 인도했는데, 그 친구들은 킴의 삶 속에서 일어난 놀라운 변화에 마음이 끌렸던 것입니다. 킴의 삶 속에 심겨진 그리스도가 그의 생활을 통하여 밖으로 드러난 것이었습니다.

성령의 열매를 맺지 못하게 하는 요인

'전도 폭발' 훈련을 할 때, 우리는 종종 우리가 방문한 사람이 그리스도인임을 금방 알아보곤 했습니다. 한번은 나이가 지긋한 부인이 문을 열면서 아주 친절하게 인사를 하며 우리를 맞이하는 것을 보고, 그가 그리스도인일 거라고 생각했습니다. 이 부인과의 대화를 통해 우리가 받은 첫인상이 맞았음을 금방 확인할 수 있었습니다. 그가 우리를 대한 그 방법은 그 안에 있는 성령의 열매를 분명하게 보여 주는 것이었습니다.

그러나 불행하게도 모든 그리스도인이 성령의 열매를 나타내는 것은 아닙니다. 이런 사람들은 예수 그리스도 및 성령과 정상적인 관계를 맺고 있지 못합니다. 그러면 성령의 열매가 나타나지 않는 이유가 무엇인지 알아보도록 하겠습니다.

죄가 주관하고 있을 때

어떤 그리스도인은 구원을 위해서는 그리스도를 믿고 의뢰하지만, 성령의 지배 아래 있지 않고 여전히 죄 가운데 사는 경우가 있습니다. 삶 속에 죄가 있으면 성령이 거하신다는 증거를 소멸시킵니다. 성경은 "하나님의 성령을 근심하게 하지 말라. 그 안에서 너희가 구속의 날까지 인 치심을 받았느니라"(에베소서 4:30)라고 분명히 경고합니다.

자신이 그리스도인이라고 주장하면서도 여전히 죄 가운데 사는 사람이 성령의 열매를 나타낸다는 것은 불가능하다고 야고보서는 경고했습니다. 물론 혀의 사용에 대하여 말하고 있지만, 이는 그리스도인의 삶의 모든 영역에 적용됩니다.

> 이것으로 우리가 주 아버지를 찬송하고 또 이것으로 하나님의 형상대로 지음을 받은 사람을 저주하나니, 한 입으로 찬송과 저주가 나는도다. 내 형제들아, 이것이 마땅치 아니하니라. 샘이 한 구멍으로 어찌 단물과 쓴물을 내겠느뇨? 내 형제들아, 어찌 무화과나무가 감람 열매를, 포도나무가 무화과를 맺겠느뇨? 이와 같

이 짠물이 단물을 내지 못하느니라. (야고보서 3:9-12)

예수 그리스도를 주님으로 모시지 않을 때

하나님의 권위를 거역하며 여전히 자신이 인생의 왕좌에 앉아 있는 사람의 삶에는 하나님께서 성령을 통하여 자신을 나타내지 않으실 것입니다. 하나님께서는 자기 고집대로 살아가기를 원하는 사람 속에는 하나님의 임재를 나타내지 않으시는 것입니다. "이는 거역하는 것은 사술의 죄와 같고 완고한 것은 사신 우상에게 절하는 죄와 같음이라"(사무엘상 15:23). 문제의 핵심은 주재권입니다. 그는 그리스도인이면서도, 예수 그리스도께서 자기 삶의 주님이 되시는 것은 허락지 않고 있는 것입니다.

예수 그리스도의 주재권에 굴복하지 않는 그리스도인은 그리스도의 제자가 아닙니다. 그는 예수 그리스도를 구주로 영접했을지는 모르나 주님으로는 모시지 않은 것입니다. 그리스도의 주재권하에 드려질 때, 비로소 그는 그리스도의 제자가 되는 길을 걷게 됩니다. 제자는 하나님과 생동감 넘치는 관계를 유지하면서, 성령의 열매를 매력적으로 나타내 보입니다.

어떻게 성령의 열매를 맺을 수 있는가

우리는 자신의 힘만으로는 삶 속에서 성령의 열매를 맺을 수가 없습니다. 열매는 오로지 내주하시는 성령과의 동행을 통해서만 나타나는 것입니다. 우리의 책임은 자기 삶의 어떤 영역의 필요를 깨닫는 것입니다. 우리가 자신을 드려 성령과 동행하면,

성령께서는 우리 안에서 필요한 열매를 맺으실 것입니다. 우리는 육과 혼과 영의 완전한 지배권을 그리스도께 넘겨드려야 합니다. 그리고 그리스도께서 우리 안에서 우리를 통하여 주님의 능력을 나타내시게 해야 합니다.

많은 그리스도인의 삶 속에서 문제는 이 열매를 계발하는 일에서 부지런함이 결여되어 있다는 점입니다. 성경은 우리의 책임에 대해 이렇게 말씀합니다.

> 이러므로 너희가 더욱 힘써 너희 믿음에 덕을, 덕에 지식을, 지식에 절제를, 절제에 인내를, 인내에 경건을, 경건에 형제 우애를, 형제 우애에 사랑을 공급하라. 이런 것이 너희에게 있어 흡족한즉 너희로 우리 주 예수 그리스도를 알기에 게으르지 않고 열매 없는 자가 되지 않게 하려니와. (베드로후서 1:5-8)

우리는 '더욱 힘써' 이 성품들을 계발해야 합니다! 예를 들어 '절제'에 문제가 있으면 자신을 절제하는 법을 배우는 것은 우리의 책임입니다. 성령께서 우리에게 필요한 힘을 공급해 주실 것입니다. 이것은 다른 성품에 대해서도 마찬가지입니다.

나는 일본에 있을 때, 지금까지 맛본 것 중에서 가장 맛있는 과일을 발견했습니다. 이 과일의 일본명은 "20세기 배"라는 의미를 가지고 있었는데, 사과와 배를 접붙여서 얻은 것이었습니다. 나는 이 신기한 과일이 어떻게 자라는지 알고 싶어서 농촌에 가 보았습니다.

농부들은 이 배의 품질을 좋게 하기 위해, 많은 수고와 정성이 필요한 과정을 밟고 있었습니다. 봄이 되면 꽃이 피기 전에 가지를 조심스럽게 전지합니다. 꽃이 지고 열매가 맺히기 시작하자마자 농부들은 모든 열매를 조그만 갈색 봉지로 씌웁니다. 그 후 주기적으로 봉지를 벗기고 과일의 상태를 점검합니다. 봉지는 폭풍우나 새, 벌레, 기타 해로운 요인들로부터 열매를 보호하기 위해 수확 때까지 씌워 둡니다. 이와 같이 훌륭한 과일을 생산하기 위해서는 많은 수고와 보살핌이 꼭 필요한 것입니다.

* * *

성령의 열매가 당신의 삶에 분명하게 나타나 이 열매가 다른 사람들에게 아주 매력을 주어 그들이 어떻게 이런 열매가 생기는지 알고 싶어 하도록 해야 합니다. 일본 배의 경우와 마찬가지로, 성령의 열매는 정성스러운 보살핌을 받고 해로운 조건으로부터 보호될 때, 성숙에 이를 것입니다.

결 론

이 책은 진정으로 제자가 되며 또한 제자를 삼기 원하는 사람들을 위해 썼습니다. 제자삼는 일은 바로 당신으로부터 시작됩니다. 당신은 다른 사람을 제자로 삼기 전에 자신이 먼저 제자가 되어야 합니다. 여기에는 많은 싸움과 어려움이 있을 것입니다. 또한 비싼 대가를 치러야 합니다. 성령께서는 이 연단의 과정을 계속 수행해 나가실 것이며, 그 결과 당신은 더욱 그리스도를 닮아 가게 될 것입니다.

가장 우선적으로 당신은 하나님의 사람이 되려는 열망을 가져야 합니다. 이는 당신이 다른 사람을 훈련하는 일을 착수할 수 있으려면, 당신 자신이 먼저 산 모범이 되어야 하기 때문입니다. 실제로 사람들은 영적 도움을 받고자 당신에게 나아올 것입니다. 그러므로 당신이 그리스도와 생명력 있는 관계를 맺는 일은 제자삼는 사역에서 대단히 중요합니다.

제자삼는 사역에서, 우리에게 적인 사탄이 있다는 것을 알아야 합니다. 사탄은 "넌 결코 아무도 제자로 삼지 못할 걸" 하고 속삭임으로써 우리를 낙심케 하려고 애쓸 것입니다. 내가 만일 기술도 부족하고 한창 실패를 거듭하고 있던 초창기에 그런 말에 귀를 기울였다면 오래전에 제자삼는 일을 그만두었을 것입니다.

제자삼는 사역에 대한 하나님의 약속을 주장하십시오. 이사야 43:4-6과 같은 약속의 말씀은 얼마나 큰 격려가 되는지 모릅니다.

> 내가 너를 보배롭고 존귀하게 여기고 너를 사랑하였은즉, 내가 사람들을 주어 너를 바꾸며 백성들로 네 생명을 대신하리니, 두려워 말라, 내가 너와 함께하여 네 자손을 동방에서부터 오게 하며, 서방에서부터 너를 모을 것이며, 내가 북방에게 이르기를 놓으라, 남방에게 이르기를 구류하지 말라, 내 아들들을 원방에서 이끌며, 내 딸들을 땅끝에서 오게 하라.

아마도 우리는 다른 사람의 모범을 통해 제자를 삼기 위한 최대의 동기를 얻게 될 것입니다. 이 일을 전심으로 하고 있는 사람들과 사귀십시오.

또한, 우리는 실제로 해 봄으로써 배운다는 사실을 기억하십시오. 이 원리는 물론 제자삼는 일에도 적용됩니다. 당신은 제자를 삼음으로써 제자삼는 사역에 숙달하게 되는 것입니다. 물론 실수도 할 것입니다. 또 당신이 돕고 있는 사람 중 몇 명을 다른 일에 **빼앗기기**도 할 것입니다(마가복음 4:19 참조). 그러나 결국 당신은 한 명을 얻게 될 것입니다. 하나님께서는 당신의 사역을 배가하여 주실 것이며, 당신을 사용하여 '역대의 기초를 놓으실' 것입니다(이사야 58:12 참조).

실패와 실망을 최소로 줄이려면 디모데후서 2:2을 사용하십시오. 이 구절은 제자가 될 잠재력을 지닌 사람을 찾는 데 대한 안내자입니다. '다른 사람들을 가르칠 수 있는 충성된 사람들'이 장래에 재생산할 수 있는 사람들입니다. 단지 충성되기만 해서는 결코 재생산할 수 없습니다. 그는 또한 다른 사람을 가르칠 수 있어야 합니다.

오늘 시작하십시오. 제자로 삼을 사람을 한 명 보내 주시도록 하나님께 기도하고 그런 사람을 찾으십시오. 오늘 시작하지 않으면 내일도 여전히 제자를 삼고 있지 않을 것입니다.

하나님께서 당신을 훌륭한 제자삼는 자로 만들어 주시기를 기도합니다.

제자의 삶

초판 1쇄 발행 : 1984년 7월 10일
3판 1쇄 발행 : 2023년 4월 25일

펴낸곳: 네비게이토 출판사 ©
주소: 03784 서울시 서대문구 연희로 16 (창천동)
전화: 334-3305(대표), 334-3037(주문), FAX: 334-3119
홈페이지: http://navpress.co.kr
출판등록: 제10-111호(1973년 3월 12일)
ISBN 978-89-375-0640-6   03230

본 출판사의 서면 허락 없이는 본서의 전부 또는
일부의 무단 복제, 또는 원문에 대한 무단 번역을 금합니다.